I0833082

LA
FAMILLE JOUFFROY

PAR

EUGÈNE SUE.

1

PARIS
ALEXANDRE CADOT, ÉDITEUR,
37, RUE SERPENTE

1854

LA FAMILLE JOUFFROY.

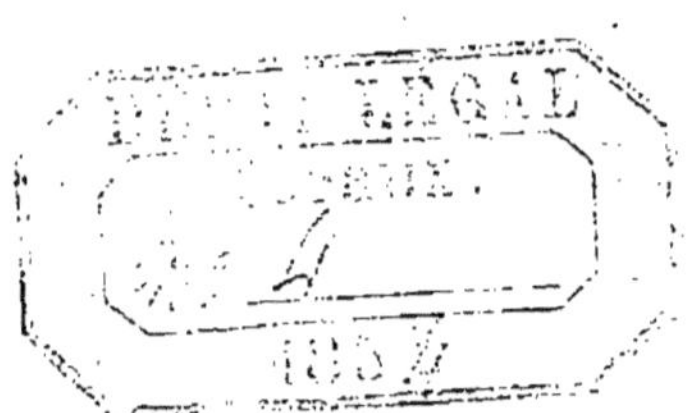

Impr. de E. Dépée, à Sceaux.

LA

FAMILLE JOUFFROY

PAR

EUGÈNE SUE.

1

PARIS
ALEXANDRE CADOT, ÉDITEUR,
37, RUE SERPENTE.

1854

A

MONSIEUR VICTOR SCHŒLCHER

A JERSEY.

—

Mon cher Victor, accueillez dans votre exil, comme un faible gage de mon inaltérable amitié, la dédicace de ce livre écrit dans l'exil.

A vous fraternellement,
EUGÈNE SUE.

SAVOIE, Annecy-le-Vieux, 3 juin 1853.

PRÉFACE.

Plus nous avançons dans la vie, plus nous expérimentons les hommes et les choses, plus enfin nous avons conscience des devoirs de l'*écrivain moraliste* (que l'on nous permette, non de prendre, mais d'ambitionner ce titre......) plus nous sommes convaincu des erreurs de l'école qui professe *l'art pour l'art*, en d'autres termes : l'*indifférence absolue du but moralisateur et élevé*, où doit ten dre, selon nous, toute œuvre d'imagination, quelle que soit sa forme.

Nous l'avouons ici sincèrement, il nous serait maintenant impossible d'entreprendre une œuvre littéraire sans être soutenu par cette espérance décevante peut-être : que de cette œuvre il ressortira un enseignement, et qu'après l'avoir lue, le lecteur sentira se raffermir en lui son amour du juste et du bien, redoubler son horreur du mal et de l'iniquité, augmenter son mépris pour la bassesse, le parjure, le mensonge et l'hypocrisie.

Imaginer une fable, entasser évènements sur évènements, créer des personnages, réaliser des types, mettre en relief des caractères vrais, humains ; leur prêter à chacun ses passions, son langage, ses actes, tout cela nous paraît être une œuvre stérile, si le seul résultat est d'entraîner le lecteur d'aventure en aventure, et si, arrivant au terme de ce voyage, à travers les espaces de l'imagination, il ne se trouve pénétré davantage de certaines vérités éternelles.

Nous avons écrit la *famille Jouffroy* sous l'empire des idées moralisatrices que nous venons d'exprimer.

Le but que nous nous sommes proposé

dans cet ouvrage de longue haleine, est sans doute au-dessus de nos forces. Puissent nos lecteurs nous savoir gré d'avoir du moins essayé d'atteindre ce but!

Quelques mots d'explication à ce sujet sont nécessaires, et l'on s'étonnera tout d'abord du peu de rapport que la thèse que nous allons soutenir semble avoir avec le caractère de ce roman *intime* et domestique; mais cet écart n'est qu'apparent, l'on s'en convaincra bientôt.

La France est monarchique, répètent incessamment les partisans de cette forme de gouvernement. Il ne nous coûte rien d'avouer qu'il y a du vrai, beaucoup de vrai dans cette affirmation, en ceci, que l'un des mobiles les plus vivaces des monarchies a été nous ne disons pas l'orgueil, mais la VANITÉ.

Or, malgré des révolutions successives et radicales dans nos lois, nos mœurs sont restées presque entièrement monarchiques à l'endroit de *la vanité*.

Parcourez l'échelle sociale depuis son

dernier échelon jusqu'à son faîte, et plus vous monterez, plus vous constaterez l'intensité de cette maladie chronique et incurable, à nous léguée par quinze siècles de monarchie : la VANITÉ.

Oui, la VANITÉ, cette maladie honteuse, nous ronge, nous épuise, nous abâtardit; elle vicie et paralyse notre âme ; elle atrophie notre dignité naturelle, nous avilit, nous hébête, et, comme toutes les maladies invétérées, contient le germe, le ferment d'autres maux qui sont, à la maladie principale, ce que les rameaux sont au tronc. La fourberie, le parjure, la dissipation, le dol, le vol, l'égoïsme, l'ingratitude, l'oubli des devoirs sacrés de la famille, la plus dégradante sujétion à ce qui peut répondre au prurit de cette âcre et cuisante lèpre dont nous sommes dévorés, toutes ces indignités procèdent de la VANITÉ.

Certes, on l'a dit et prouvé depuis longtemps : ce siècle est le *siècle de l'argent*; mais l'argent n'est que le *moyen*, la vanité est le BUT.

Combien de gens se sont enrichis à force d'expédients souvent coupables, uniquement dans l'espoir de pouvoir un jour *vaniteusement* paraître ?

Combien de négociants parvenus à une fortune considérable, ont sacrifié leur fille, (sacrifice au devant duquel la victime courait d'ailleurs avec joie,) à la *vanité* de quelqu'alliance aristocratique, alliance où la jeune épouse et sa famille ne trouvaient bientôt que larmes, déceptions, dédains et ruine.

Combien d'employés longtemps intègres, honorables, mais d'un caractère faible, ont été conduits peu à peu à des infidélités, à des malversations, à des vols, à l'infamie, pour subvenir à des dépenses exigées par l'impitoyable *vanité* d'une femme dominatrice ?

Combien de banquiers frauduleux, faillis, ont ruiné de nombreuses familles, se sont déshonorés pour donner des fêtes brillantes où trônait leur *vanité !*

Combien de jeunes héritiers, après avoir dissipé leur patrimoine pour étaler leur *vanité* dans une élégante voiture, aux côtés de quelque impure en renom, sont descendus de degrés en degrés jusqu'à la misère, à la dégradation, au crime !

Combien de gens mentirent à leur avenir et à leur passé, renièrent leur foi politique pour obtenir quelque ridicule et vain titre de comte ou de baron, en ces temps d'égalité civile où la loi n'établissait aucune distinction entre un duc ou tout autre citoyen !

Combien de femmes, après avoir longtemps vécu dans une condition obscure, partageant un jour la subite élévation de leur mari, appelé, grâce à son mérite, à une haute fonction publique, et désormais habituées aux honneurs, au luxe qui flatte leur *vanité*, ne voulaient plus renoncer à ces avantages ? Ensuite d'un profond revirement politique, venait l'heure où un homme ne pouvait sans lâche apostasie, conserver les fonctions qu'il occupait : sa femme l'obsédait, l'excédait, et, à force de ténacité, l'obligeait souvent à renier son passé, en ne résignant pas des fonctions qu'il ne pouvait conserver sans honte !

Mais comment sa femme eût-elle renoncé à ce brillant hôtel? à ces nombreux domestiques, à cette voiture, à ces fastueux repas, à ces empressements, à ces distinctions si chères à sa *vanité ?*

Quoi ! ses bonnes amies l'avaient vue logée au quatrième étage, sortir par la pluie avec des socques et un parapluie; elles crevaient de jalousie, d'envie, et elle leur eût donné le spectacle humiliant de sa déchéance?

Non, non, ses bonnes amies devaient continuer de la jalouser, de l'envier, dût son mari se déshonorer aux yeux des honnêtes gens.

Nous ne multiplierons pas des exemples qui pourraient s'étendre à l'infini, nous ne mettrons pas, en regard du vice fondamental des monarchies, la vertu démocratique du gouvernement américain, qui donne au peuple dont il est issu le salutaire et fécond exemple d'une mâle simplicité ; mais on le voit, et nous le répétons, nous ne nous écartions qu'en apparence seulement de notre sujet en posant cette thèse : Que nous devions à la monarchie cette lèpre de *vanité* dont nous allons tenter d'exposer les caractères saillants dans le roman intitulé : *La Famille Jouffroy*.

Deux mots en terminant sur la forme du récit qui va suivre :

Ce livre, ainsi que son titre l'annonce, est un *roman intime;* ce n'est dont point un roman d'aventures, une fable compliquée d'incidents bizarres et excentriques ; c'est une peinture, exacte, patiente, de l'intérieur d'une famille de ce temps-ci ; c'est une étude scrupuleusement approfondie du caractère des divers membres de cette famille. Nous avons surtout tâché d'être *vrai*, et, pour atteindre à cette vérité, à ce réalisme, nous n'avons dû négliger aucun détail. Aussi recommandons-nous à l'indulgence du lecteur la première partie, qui est l'*exposition* de notre œuvre. — Les personnages, connus, acceptés par lui, agiront ensuite dans le drame, selon leur caractère, sans qu'il soit besoin d'accentuer davantage leur physionomie morale. Enfin, nous espérons que, selon la pensée d'où procède cette œuvre, et ainsi que nous l'avons dit en commençant, il ressortira quelque salutaire enseignement de ce livre, et qu'il nous méritera du moins la sympathie de nos lecteurs.

EUGÈNE SUE.

PREMIÈRE PARTIE.

I

Fortuné Sauval (membre de la famille Jouffroy) était orfèvre, mais orfèvre à la façon de l'immortel *Benvenuto-Cellini*, en d'autres termes : un grand artiste. Notre jeune homme, quelques années avant l'époque où commence ce récit, avait hérité le *fond* de bijouterie et d'argenterie de son père, estimable commerçant, mais complètement étranger à cet art merveilleux, illustré par les orfèvres de la renaissance. Aussi Fortuné mit-il au creuset les objets provenant du magasin paternel, donna congé de la boutique, et, nanti de ses lingots d'or et d'argent, ainsi que des pierres précieuses enlevées des bijoux fondus, il se retira dans un quartier peu fréquenté, afin de faire à loisir, ainsi qu'il le disait : *de l'art*. Excellent sculpteur, ornementiste d'un goût exquis, il modelait en cire les *maquettes* (ou modèles) des objets qu'il fabriquait, et ensuite, selon l'occurrence, il les ciselait, les niellait ou les émaillait avec un rare talent.

Parmi les ouvriers autrefois occupés par son père, Fortuné avait conservé un vieil artisan très habile, très versé dans les diverses branches de sa profession, nommé le père Laurencin. Ce vieillard, fils de l'un des meilleurs ouvriers de *Germain*, l'un des plus célèbres orfèvres du dernier siècle, possédait d'excellentes traditions, complètement inutilisées durant les longues années passées par lui dans l'atelier de son premier patron, M. Sauval, fidèle sectateur du style dit : *de l'Empire*, le plus lourd, le plus plat, le plus difforme, le plus bêtement affreux de tous les styles, si toutefois on peut honorer du nom de style, cette chose sans nom.

Le père Laurencin et Michel, son petit-fils, apprenti âgé de quinze ans, aidaient seuls Fortuné dans ses travaux. Jamais cœurs plus excellents ne furent réunis ; jamais trois intelligences passionnées pour leur art ne vécurent dans une plus étroite et plus douce communion de travaux ; entre eux n'existait aucune de ces distances qui généralement séparent les patrons, les apprentis et les ouvriers ; tous trois ne songeaient qu'à contribuer de tous leurs moyens, selon leur aptitude, à la perfection de l'œuvre commune. Paternel avec Michel, filial envers le vieil artisan, Fortuné Sauval, âgé d'environ vingt-cinq ans, avait passé près de ses deux compagnons le temps le plus heureux de sa vie. Il donnait à l'apprenti, doué de grandes dispositions naturelles, des leçons de dessin et de sculpture, et montrait pour cet aimable enfant ce tendre attachement que les artistes de la renaissance témoignaient à leurs élèves de prédilection.

Notre orfèvre vivait retiré dans le quartier de la Madeleine, au fond d'une de ces cours sombres, véritable labyrinthe de ruelles et de passages, alors connu sous le nom de *Cour des Coches*. Il occupait un rez-de chaussée composé d'une cuisine, d'une chambre pour lui, d'une autre où couchaient le père Laurencin et son petit-fils, et enfin d'un vaste atelier où tous trois travaillaient et prenaient leur repas, préparé par la portière du passage.

C'est dans cet atelier que nous introduisons le lecteur afin de lui donner une connaissance plus intime de nos trois personnages.

II

Cette scène se passait à la fin de janvier de l'an 1840.

L'atelier, éclairé par une seule fenêtre basse, garnie de barreaux de fer, était sombre et enfumé comme l'officine d'un forgeron. Le fourneau, le creuset, la petite forge à soufflet, et autres ustensiles, occupaient l'un des côtés de cette vaste pièce, percée de trois portes, l'une dans le fond, les deux autres latérales. En face de la cheminée, un coffre de fer scellé dans le mur, renfermait sous sa serrure de sûreté bon nombre de lingots d'or ou d'argent, et des pierres précieuses. Sur ce coffre, une étagère portative, garnie de vitres, contenait, exposés en *montre*, les objets d'orfèvrerie et de bijouterie récemment achevés, véritables chefs-d'œuvre pour qui savait les apprécier.

La réputation de Fortuné Sauval ne s'étendait pas au-delà d'un cercle fort restreint, composé de plusieurs riches commissionnaires français ou étrangers, aussi amoureux de l'art que difficiles à satisfaire.

Cette clientèle peu nombreuse suffisait et de reste au jeune orfèvre. Il possédait un patrimoine d'environ deux cent mille francs, dont il ne dépensait jamais le revenu, car toujours préoccupé de ses travaux qui le charmaient, il ne se livrait à aucune dissipation.

Fortuné se contentait donc de quelques commandes de choix, faites par des gens d'un goût éclairé, capables d'apprécier ses efforts et ses mérites. Il n'eût pas d'ailleurs accepté d'autres travaux, voulant surtout, ainsi qu'il le disait, « avoir ses coudées « franches, afin d'apporter à ses œuvres « toute la perfection désirable. »

Enfin, au-dessous de l'unique fenêtre, et

ainsi vivement éclairé par la concentration de la lumière, se trouvait l'*établi* garni de ses étaux, de ses outils, et occupé tour à tour ou simultanément par Fortuné, le père Laurencin ou son petit-fils. Non loin de là, se voyait une table sur laquelle l'orfèvre dessinait ou pétrissait en cire les modèles des objets destinés à être coulés en métal ou exécutés au *repoussé*, l'un des procédés les plus difficiles de son art et dans lequel il excellait.

Michel l'apprenti faisait en ce moment jouer le soufflet du fourneau. Cet enfant, âgé, nous l'avons dit, d'environ quinze ans, avait une charmante figure, rose et blanche, encadrée de cheveux blonds bouclés, et animée par de grands yeux bleus remplis de douceur, d'intelligence et d'innocente gaîté. Le cordon de son tablier ceignait sa blouse noircie par la fumée de la forge. Il allait et venait du fourneau à l'établi, apportant à son grand-père, selon les besoins de son travail, de la soudure en fusion dans un creuset.

Le père Laurencin, vieillard vénérable, au front chauve et à longue barbe blanche qu'il laissait croître depuis longtemps, était vêtu d'un gilet à manches en tricot gris, et s'occupait d'ajuster plusieurs pièces d'orfèvrerie, destinées à la confection d'un grand candélabre d'argent.

Fortuné Sauval, assis en face du vieil artisan, de l'autre côté de l'établi, ciselait avec amour un petit bas-relief composé de plusieurs figurines en ronde bosse, d'un dessin exquis; œuvre d'art destiné à l'ornementation d'un coffret en lapis-lazuli du plus bel azur.

La candeur et la bonté se lisaient sur les traits du jeune orfèvre; sa chevelure noire, rejétée en arrière, découvrait son large front où se révélait le génie. Aussi simplement habillé que ses ouvriers, notre célèbre artiste portait une blouse de travail et, comme eux, un tablier de cuir.

Deux heures sonnèrent à une antique horloge à contrepoids appliquée à l'un des murs de l'atelier.

— Allons, mes amis, — dit cordialement Fortuné, — voici l'heure du repos et du goûter. Tu iras ensuite, petit Michel, chez le fondeur, savoir si les deux figures du *surtout* sont coulées. En ce cas, tu les rapporterais.

— Oui, maître Fortuné, répondit l'apprenti.

Peu d'instants après que deux heures eurent sonné, la portière de la maison, femme de ménage de l'orfèvre, apporta du pain, du vin, des fruits, déposa le tout sur un coin de l'établi et sortit.

III

Pendant que Michel mordait tour à tour dans une pomme et dans un morceau de pain, le père Laurencin coupait méthodiquement des mouillettes qu'il se proposait de tremper dans un verre de vin. Le jeune orfèvre, continuant de ciseler son bas-relief avec un plaisir infini, oubliait la réfection à laquelle il venait de convier ses compagnons.

— Monsieur Fortuné, — lui dit le vieil artisan, — vous ne venez donc pas manger un morceau ?

— Tout à l'heure, père Laurencin, — répondit gaîment l'orfèvre ; — je ne sais de quel diabolique aimant est doué ce bas-relief... je ne peux m'en détacher...

— Si l'appétit vous manquait, — reprit en souriant le vieillard, — il vous viendrait en voyant de quelle brave façon mon petit Michel mord dans le pain et dans les pommes, il vous ferait envie comme à moi. Tenez, l'entendez-vous comme il croque !... Ah dame ! il a ses dents de quinze ans, et moi j'en suis réduit à la trempette. Voilà ce que c'est que d'être un pauvre vieux !

— Hé bien ! grand-père, dit gentiment l'apprenti, — si vous êtes vieux, qu'est-ce que ça prouve ? que depuis bien longtemps, bien longtemps, vous êtes ce qu'il y a de meilleur au monde... voilà tout.

— Vraiment ? mon blondinet, — reprit affectueusement le vieillard, — tu crois que ce n'est rien que de vieillir, toi ? Je voudrais bien t'y voir, à mon âge !

— Tiens... et moi donc, grand-père ! car si vous me voyiez, bien vieux, moi aussi, je vous verrais ! Quel bonheur ce serait pour nous deux !

— Ah ! mon pauvre enfant ! quand tu auras mon âge... il y aura longtemps que je serai en terre... Enfin, ne parlons pas de ça... c'est triste.

Et le vieillard secoua mélancoliquement la tête.

Michel en ce moment s'apprêtait à mordre de plus belle à sa pomme, mais en entendant son aïeul faire une allusion à sa fin peut-être prochaine, l'enfant se leva soudain et se dirigea vers le fond obscur de l'atelier, afin d'essuyer du coin de son tablier les larmes qui lui venaient aux yeux.

— Hé bien ! mon garçon, où vas-tu ? reprit le père Laurencin, sans remarquer l'émotion de son petit-fils ; — tu ne finis pas ta pomme ?

— Grand-père, je l'achèverai dehors, en allant chez le fondeur, — reprit l'apprenti.

— Et il se tourna vers la muraille, afin de prendre sa casquette accrochée à un clou, et de ne pas laisser voir ses larmes; puis il ajouta en faisant toujours face à la muraille :

— Vous n'avez pas d'autre commission, maître Fortuné ?

— Non, mon enfant; mais finis de goûter; tu sortiras ensuite...

— Oh! je goûterai aussi bien en marchant, — répondit Michel, et il se hâta de sortir, afin de cacher ses pleurs et de les sécher au grand air.

Fortuné Sauval, plus clairvoyant que le vieillard, s'aperçut de l'attendrissement de l'apprenti, le suivit des yeux avec un touchant intérêt, jusqu'à ce qu'il eût quitté l'atelier, puis, abandonnant son bas-relief et venant prendre part au goûter du père Laurencin :

— Cher enfant!... il avait les larmes aux yeux.

— Est-il possible, monsieur Fortuné? Mon Dieu, je ne m'en doutais pas, — reprit le vieillard avec inquiétude. — Quel peut être le sujet de sa peine?

— En vous entendant faire allusion au peu d'années qui vous restent à vivre... son cœur s'est gonflé... les larmes sont venues, et de crainte que vous ne le voyiez pleurer, il a prétexté de la commission que je lui ai donnée tout à l'heure.

— L'avoir ainsi attristé sans y songer! J'en suis désolé !

— Son extrême sensibilité prouve du moins l'excellence de son cœur... Quel aimable et charmant naturel ! toujours laborieux, appliqué... rempli d'intelligence, de dispositions pour le dessin... Croyez-moi, nous ferons de Michel un artiste... un artiste éminent...

— Son pauvre père, à son âge, avait les mêmes qualités de cœur, la même sensibilité, monsieur Fortuné, — répondit le vieillard avec un soupir douloureux, — et de cette sensibilité, il a été victime... Puisse mon petit-fils être plus heureux que mon fils... mort de chagrin à vingt-trois ans !

— Allons, bon père, pas de noires pensées, — reprit affectueusement le jeune orfèvre, en rompant un morceau de pain et en se versant un verre de vin ; — votre petit-fils vous consolera de tout ce que vous avez souffert.

Et voulant changer d'entretien, afin de distraire le vieillard de ses pénibles réflexions, Fortuné ajouta, en indiquant du geste plusieurs fragments d'orfèvrerie épars sur l'établi :

— Nous pourrons bientôt monter les candélabres du prince Maximilien... Je m'étonne de ne pas avoir eu sa visite depuis quelques jours; c'est un homme d'un goût excellent, grand connaisseur dans toutes les choses de l'art; c'est vraiment plaisir que de travailler pour de pareils clients.

— Sans compter qu'il n'est pas fier, pour un prince; car c'est un vrai prince, n'est-ce pas, monsieur Fortuné?

— Tout ce qu'il y a de plus prince. Son frère aîné est duc souverain en Allemagne, et comme ce frère n'a pas d'enfant, le prince Maximilien règnera sans doute un jour.

— L'on ne croirait pas qu'il est Allemand : il parle français comme vous et moi, monsieur Fortuné; et puis il a toujours quelque chose d'aimable à vous dire.

— Les amabilités sont un peu de la monnaie de cour, — reprit en souriant le jeune orfèvre, — mais il faut la prendre pour ce qu'elle vaut. Après tout, le prince est très bienveillant. On prétend que c'est un *don Juan*, un homme à bonnes fortunes, ce qui ne m'étonnerait pas, car, malgré ses trente-cinq ou trente-six ans, il doit plaire encore. Enfin, il est prince, il est frère d'un souverain, et tant de femmes se laissent prendre à ces glorioles !

— Ah ! les femmes, — dit en soupirant le vieillard, — les femmes ! Il y en a de si méchantes !... de si perverties !

— Bon père, — reprit Fortuné avec intérêt, — je devine votre pensée secrète : vous voilà retombé dans vos tristesses... quoique j'aie tâché de vous en distraire.

— Hélas, monsieur Fortuné, c'est plus fort que moi... et quand je songe à cela...

Mais le vieil artisan s'interrompit et murmura :

— Mon pauvre fils !... mon pauvre fils !

Au moment où le père Laurencin prononçait ces mots avec accablement, un nouveau personnage entra dans l'atelier.

IV

Ce nouveau personnage était le *prince* Charles-Maximilien, — homme jeune encore, d'une tournure très-élégante, d'une figure un peu fatiguée, mais d'une beauté régulière et attrayante. Des moustaches blondes relevées donnaient à ses traits un caractère martial. Il descendait sans doute de cheval, car il tenait à la main une cravache, et ses éperons retentissaient sur le sol. Une redingote assez courte dessinait sa taille svelte et élevée. A peine eut-il mis le pied dans l'atelier, qu'il ôta son chapeau et déganta sa main droite, main blanche, effilée, comme celle d'une femme.

— Monsieur Fortuné, — dit tout bas le

vieil artisan à son patron qui tournait le dos à la porte, — vous parliez du prince, et justement le voilà...

L'orfèvre se leva aussitôt, et s'avança poliment, mais sans obséquieux empressement, à la rencontre du prince qui, lui tendant avec courtoisie sa main dégantée :

— Bonjour, mon cher monsieur Sauval! De grâce, n'interrompez pas vos travaux... Je regretterais le temps précieux que je vous ferais perdre.

— Monseigneur, je ne travaillais pas, je goûtais.

— Alors, continuez de goûter... sinon je me retire... Et vous, père Laurencin, asseyez-vous.

Ce disant, le prince Maximilien prit place sur une chaise près de l'établi.

— Puisque vous le permettez, monseigneur, — reprit l'orfèvre, — j'achèverai mon goûter. Je vous montrerai ensuite les branches des candélabres que nous allons ajuster.

— Je ne veux aujourd'hui rien voir de vos chefs-d'œuvre, mon cher monsieur

Sauval ; je me suis imposé d'avance cette privation, afin de vous prouver que ma visite n'était nullement intéressée, qu'elle vous était consacrée tout entière.

— C'est beaucoup d'honneur pour moi, monseigneur, mais...

— Mais vous ne devinez pas le but de ma visite ?...

— Non, monseigneur.

— Je viens réparer une injustice... une grande injustice !

— Une injustice ?

— Monsieur Sauval, vous êtes l'un des plus grands artistes de ce temps-ci... *Benvenuto-Cellini* eût envié certaines de vos œuvres, malheureusement trop peu nombreuses. Enfin, telle est votre modestie, que votre renommée est loin d'être à la hauteur de votre génie...

— Monseigneur, l'approbation des gens de goût me suffit.

— Mais cela ne suffit pas à vos amis, à vos admirateurs, et vous me permettrez de me ranger parmi les uns et les autres ; ils trouvent, et je suis fort de cet avis, que vous méritez plus que personne une distinction publique ; je n'ai donc été que leur interprète auprès du roi.

— Et à quel propos, monseigneur ?

— Le roi veut bien me témoigner quelque amitié... Hier il m'a fait l'honneur de venir me voir, je lui ai montré cette magnifique coupe d'or émaillée, l'un de vos chefs-d'œuvre que je suis fier de posséder. Le roi a été frappé d'admiration. — « Croiriez-vous, Sire, ai-je dit, que l'auteur de « ce divin objet d'art n'est pas encore dé« coré de l'Ordre de la Légion-d'Honneur ? « Je viens vous offrir l'occasion et vous « donner le plaisir de réparer cette injus« tice, en vous demandant instamment « la croix pour M. Sauval. » — Le roi s'est rendu à mon désir, de la meilleure grâce du monde. Il m'a envoyé ce matin le brevet et la croix. Je vous les apporte... les voici.

Et le prince remit à l'orfèvre un petit écrin de maroquin rouge et un parchemin plié dans une enveloppe.

— Monseigneur, je n'oublierai jamais votre bienveillance en cette circonstance. Ma gratitude envers vous est doublée, car, sans vous en douter, vous hâtez peut-être l'heure de mon mariage, grâce à la distinction que vous avez eu la bonté de solliciter pour moi.

— Vous allez vous marier?

— Je l'espère, monseigneur.

— Monsieur Sauval, vous me parliez tout à l'heure de votre gratitude; vous ne m'en devez aucune : j'ai contribué à la réparation d'une injustice... rien de plus;... mais enfin, si vous tenez absolument à vous croire mon obligé, vous pouvez à la fois vous acquitter et m'accorder une grâce à laquelle je serai particulièrement sensible.

— Monseigneur, de quoi s'agit-il?

— Veuillez me choisir pour l'un des témoins de votre mariage; je m'estimerai très heureux de signer l'acte qui assurera, je n'en doute pas, votre bonheur...

— Je serais très flatté, monseigneur, de l'honneur que vous daignez me faire; seulement, je dois vous prévenir que le second témoin que je me propose de choisir est l'un de mes parents, mon cousin Roussel, *épicier retiré*...

Charles-Maximilien, malgré sa parfaite courtoisie, et cet empire sur soi que donne la longue habitude des cours, ne put contenir un imperceptible plissement de lèvres en apprenant que son nom de maison souveraine figurerait au contrat à côté de celui de M. Roussel, *épicier retiré.* Mais le prince, sachant trop bien vivre pour laisser pénétrer sa légère contrariété, répondit à l'orfèvre en se levant pour prendre congé de lui :

— Quel que soit votre second témoin, j'écrirai toujours avec plaisir mon nom à côté du sien, au bas d'un acte qui consacrera votre bonheur, mon cher monsieur Sauval. — Et tendant de nouveau la main à Fortuné : — Adieu donc, et à bientôt, car je reviendrai très-prochainement pour voir et admirer vos magnifiques candélabres ; mais je vous l'ai dit, la visite d'aujourd'hui doit vous être exclusivement destinée.

L'orfèvre accompagna jusqu'à la porte le prince Maximilien qui, après de nouvelles paroles affectueuses, sortit de l'atelier.

V

Le père Laurencin avait paru douloureusement surpris en entendant son jeune patron annoncer son union prochaine. Aussi, lorsqu'il revint près de l'établi, le vieillard lui dit :

— Vous allez donc vous marier ?

— C'est ma plus douce espérance, — répondit l'orfèvre avec une joie profonde et contenue ; — c'est un beau jour pour moi que celui d'aujourd'hui !..

— Ah ! monsieur Fortuné, — reprit le vieillard avec un soupir, — prenez garde !

— Que voulez-vous dire ? — demanda l'orfèvre étonné ; — d'où vient votre inquiétude ?

— Pardon... mais dans le premier moment...

— Achevez...

— Je n'ai pu m'empêcher de me souvenir de mon pauvre fils...

Et le vieillard se mit à pleurer.

— Bon père, reprit affectueusement l'orfèvre, — je regrette de vous avoir involontairement rappelé de tristes pensées.

— Hélas ! monsieur Fortuné, mon fils était comme vous... Heureux de ne vivre que pour son état d'orfèvre, il était déjà si habile ouvrier, qu'il trouva une position superbe dans la plus grande maison de bijouterie de Bruxelles, à la recommandation de feu M. Laurent Jouffroy, en ce temps là voyageur de commerce et frère de votre oncle Baptiste. Mon fils fait connaissance dans cette ville, et devient éperduement amoureux de la filleule de M. Laurent Jouffroy. Celui-ci... (Que Dieu ait pitié de son âme, car je veux croire qu'il ignorait la perversité précoce de sa filleule, maudite créature à peine âgé de seize ans !...) ; celui-ci encourage l'amour de mon fils pour elle, et l'engage à l'épouser. Mon fils suit ce conseil... Hélas! un an après, il était de retour près de moi, avec un enfant de trois mois, que cette misérable avait abandonné en s'enfuyant avec un officier... Le désespoir s'empara de mon pauvre fils... et, à vingt-trois ans, je le vis mourir de chagrin, laissant cet orphelin... que j'ai élevé... Ah! monsieur Fortuné, c'est souvent une terrible chose que le mariage! prenez garde!

— Grâce à Dieu, j'ai toute confiance, et une confiance méritée dans la jeune personne que je désire épouser. Je la connais depuis mon enfance : c'est une fille de mon oncle, Baptiste Jouffroy.

— Mademoiselle Marianne?

— Non, Marianne est une excellente personne; je l'affectionne comme une sœur; mais elle n'est pas jolie; et puis elle a une infirmité, elle est boiteuse... et il est probable que la pauvre enfant restera fille comme sa tante Prudence.

— C'est donc mademoiselle Aurélie que vous voulez épouser?

— Oui, car je l'aime, voyez-vous, père Laurencin, je l'aime à l'adoration! Elle est si belle! Si admirablement belle!

— C'est donc pour cela que cette figure de *Cérès* que vous avez modelée dernièrement, ressemblait si fort à votre cousine, monsieur Fortuné?

— Que voulez-vous! je la vois partout... Et si dans l'art je cherche l'idéal, il m'apparaît dans tout son éclat sous les traits d'Aurélie!

L'entretien de l'orfèvre et du vieil artisan fut interrompu par deux nouveaux visiteurs.

VI

Un jeune homme, mis avec recherche, et une femme très élégante entrèrent dans l'atelier. L'homme, svelte et grand, d'une tournure distinguée, d'une figure charmante, malgré son expression quelque peu hautaine et ennuyée, avait environ vingt-cinq ans. Sa compagne, quoique plus âgée que lui (ayant, comme on dit, *passé la trentaine*), était encore remarquablement jolie et d'une fraîcheur juvénile ; les boucles de ses longs cheveux blonds cendrés dépassaient de beaucoup la passe étroite de son chapeau garni d'une longue voilette qui cachait à demi ses traits ; ses grands yeux, qu'elle clignait légèrement selon l'habitude des personnes dont la vue est basse, étaient d'un bleu vif; sa physionomie, remplie de finesse et de grâce, devait séduire au premier abord; mais, en l'observant plus attentivement, certain pli creusé entre ses deux sourcils et l'étroite fissure de ses lèvres minces, à peine indiquées, révélaient les signes presque certains d'une indomptable ténacité de résolution et d'une profonde astuce. Seulement, pour qui ne cherchait pas à pénétrer au-delà des apparences, l'ensemble de cette femme jeune encore, et d'une taille acccomplie, était fort attrayant.

Ces deux personnages, s'arrêtant assez surpris au seuil de l'atelier sombre et fumeux, où ils voyaient un vieillard, à longue barbe blanche, et un jeune homme, vêtu d'une blouse, travaillant tous deux devant un établi grossier, se crurent plutôt dans l'officine d'un chaudronnier que dans l'atelier d'un orfèvre, car ils ne remarquaient pas encore les objets d'art exposés, fort peu en vue d'ailleurs, dans une étagère vitrée. Aussi le jeune homme dit-il à Fortuné qu'il prenait pour un artisan :

— Pardon, mon cher... nous nous sommes sans doute trompés : nous cherchons le magasin de M. Fortuné Sauval, orfèvre.

— C'est ici, monsieur.

— Et où est M. Sauval?

— C'est moi.

— Vous êtes... M. Fortuné Sauval ?

— Oui, monsieur.

Le jeune homme parut non moins étonné que sa compagne de voir le célèbre orfèvre vêtu d'une blouse et ceint d'un tablier de cuir; puis il dit :

— Monsieur, je viens à la recommandation du prince Maximilien avec qui j'ai l'honneur d'être intimement lié.

— Le prince se trouvait justement ici, il y a quelques instants, — reprit l'orfèvre ; — vous auriez pu, monsieur, le rencontrer.

— Je regrette de n'avoir pas eu cette bonne fortune, — répondit le comte Henri de Villetaneuse (tel était le nom de ce personnage) ; et il ajouta : — Son Altesse m'a dit, monsieur, que nous trouverions ici des bijoux, véritables objets d'art ?...

— J'ai ici, en effet, monsieur, quelques bracelets et épingles... Je vais vous les montrer, — répondit Fortuné en se dirigeant vers l'étagère où étaient renfermés ces joyaux.

— Ma chère Catherine, je n'ai malheureusement que cinq cents francs dans ma bourse, — dit tout bas et en souriant M. de Villetaneuse à sa compagne, — je suis honteux de ce misérable détail... mais...

— Cinq cents francs ! — répondit Catherine à demi-voix, en interrompant le comte avec un accent de doux reproche.— Croyez-vous que je souffrirai une prodigalité pareille ? Non, non, je veux un bracelet très simple... Toute sa valeur sera pour moi dans le don que vous voulez m'en faire, mon ami.

— Oh ! je connais ta délicatesse exquise, — reprit M. de Villetaneuse aussi à demi-voix ; — je sais combien elle est ombrageuse !...

— Oui, — reprit la jeune femme avec une petite moue enchanteresse, — et, malgré mes scrupules, je finis toujours cependant par accepter... C'est votre faute, vous offrez avec tant de grâce que l'on ne saurait vous refuser...

Pendant que ses nouveaux clients échangeaient tout bas ces quelques paroles, Fortuné Sauval apportait et plaçait sur une table voisine de la fenêtre, une sorte de tiroir garni de velours rouge, contenant plusieurs bracelets, broches et épingles. Quelques-uns de ces bijoux étaient simplement en argent repoussé, d'autres en or ciselé, ou enrichis de pierreries, mais tous pouvaient être considérés comme de véritables chefs-d'œuvre.

Pendant que M. de Villetaneuse et sa compagne examinaient curieusement ces bijoux, Michel l'apprenti, de retour de la course qu'il avait faite très-rapidement, à en juger par l'animation de son teint, rentra dans l'atelier, accrocha sa casquette à un clou, rendit compte à son patron de la commission dont il venait de s'acquitter, puis il alla s'asseoir devant l'établi à côté du père Laurencin. Celui-ci accueillit son petit-fils avec un redoublement de tendresse, se reprochant de l'avoir involontairement chagriné naguère ; et tous deux s'occupèrent assidûment de leurs travaux, tournant complètement le dos aux deux acheteurs qu'ils avaient à peine entrevus.

M. de Villetaneuse, lors de la rentrée de l'apprenti, ayant machinalement tourné la tête vers lui, ne put réprimer un mouvement de surprise, et se dit :

— Voici une ressemblance étrange !

VII

La compagne de M. de Villetaneuse, absorbée dans son admiration croissante pour les bijoux, qu'elle dévorait des yeux, n'avait nullement remarqué le retour de l'apprenti. Elle tenait dans ses mains un bracelet d'or d'un goût charmant et d'une exécution merveilleuse ; il représentait deux naïades, à demi couchées, et accoudées à une urne de rubis, d'où sortait un ruissellement de petits diamants qui, figurant l'onde cristalline épandue de cette urne, ondoyaient et disparaissaient, çà et là, au milieu d'une double bordure d'algues marines, émaillées de vert, formant l'encadrement du bracelet.

M. de Villetaneuse, un moment distrait de l'examen des bijoux par la rentrée de Michel, observait avec anxiété la convoitise que le bracelet *aux naïades* éveillait chez Catherine. Il devait valoir beaucoup plus de cinq cents francs, somme que le comte, à son grand regret, ne pouvait dépasser. Aussi, dans l'espoir de détourner son attention et de lui faire peut-être oublier ce merveilleux joyau, il dit tout bas à sa compagne ;

— Ce petit apprenti qui vient d'entrer, et qui maintenant nous tourne le dos assis à l'établi, à côté de ce vieillard, te ressemble d'une manière frappante.

Mais le comte ne fut pas entendu ; Catherine, de plus en plus absorbée, fascinée par la vue du bracelet, ne put même résister au désir de l'agraffer à son poignet, et de faire ainsi chatoyer les pierreries à ses regards, avec un redoublement de convoitise ; puis, haussant les épaules comme si une réflexion soudaine lui fût nue à l'esprit, elle dégraffa le joyau en soupirant, et se dit à demi-voix et comme si elle se fût parlée à elle-même :

— En vérité, je suis folle !.. est-ce qu'un si merveilleux bijou est fait pour moi ?...

En prononçant ces mots, sa voix avait un accent si humblement résigné, sa physionomie exprimait à la fois un regret si naïf et si profond de renoncer à cet achat, que M. de Villetaneuse dit à l'orfèvre, qui par discrétion se tenait éloigné de quelques pas :

— Monsieur, nous prendrons ce bracelet que madame vient d'essayer... De quel prix est-il ?..

— De seize cents francs, monsieur.

— Mon ami, — reprit vivement Catherine, — je vous assure que ce simple et délicieux bracelet d'argent, orné d'une turquoise, me plaît davantage que celui-ci... et...

— Vous me permettrez de consulter en ceci mon goût autant que le vôtre, — reprit Henri en souriant et interrompant sa compagne.

Puis s'adressant à Fortuné :

— Je vais, monsieur, vous remettre un

à-compte de cinq cents francs. Je me nomme le comte de Villetaneuse, je demeure rue du Faubourg-Saint-Honoré, n° 17... Je vous prie de faire porter ce bracelet demain matin chez madame, dont voici l'adresse: *Madame de Morlac, rue Tronchet, n° 9*... Votre facture sera acquittée en échange du bracelet.

— Mais je vous assure, — mon ami, — reprit madame de Morlac avec une nouvelle insistance, — que véritablement je préfère un bracelet beaucoup plus simple, tout en admirant celui-ci... qui est un véritable chef-d'œuvre.

— Eh bien! je vous le demande en grâce, — reprit M. de Villetaneuse, — sacrifiez cette fois votre choix au mien.

Et présentant le billet de cinq cents francs à Fortuné, qui venait d'écrire sur son registre les adresses du comte et de madame de Morlac, il ajouta:

— Veuillez prendre cet à-compte...

— C'est inutile, monsieur, — reprit l'orfèvre; — demain l'on paiera le bracelet chez madame.

— Ah! monsieur, — dit à Fortuné madame de Morlac avec un sourire de syrène et un accent d'une douceur insinuante, — votre génie est un dangereux tentateur! il fait oublier les plus sages résolutions! il est bien dangereux de venir ici!

— Je ne m'étonne plus, monsieur, des éloges que le prince Maximilien accorde à votre mérite, — ajouta M. de Villetaneuse en offrant son bras à sa compagne, et en saluant Fortuné qui répondit :

— Je suis très heureux, monsieur, que ce bracelet soit du goût de madame et du vôtre.

Et les deux nouveaux clients de l'orfèvre sortirent de l'atelier.

Le père Laurencin, durant la présence de M. de Villetaneuse et de madame de Morlac, s'était incessamment occupé de son ajustage, et tournant le dos aux acheteurs, ainsi que Michel, il n'avait pu remarquer la ressemblance véritablement frappante qui existait entre son petit-fils et la femme qui venait de quitter l'atelier. Cette remarque échappa aussi à Fortuné Sauval. Absorbé dans ses douces pensées mour, il n'avait guère attentivement regardé sa cliente, dont les traits étaient d'ailleurs à demi cachés par la voilette de son chapeau. Cependant, lorsqu il se trouva seul avec le père Laurencin, il lui dit à demi-voix, pendant que l'apprenti replaçait et rangeait les bijoux dans l'étagère vitrée.

— Cette dame qui sort d'ici, savez-vous qui elle est, père Laurencin ?

— Non; monsieur Fortuné, je ne l'ai pas seulement regardée...

— Je la connaissais de nom, et ce nom n'a eu que trop de retentissement. Cette prétendue madame de Morlac... car ces femmes-là changent de nom comme de chapeaux, est une courtisanne du grand genre et des plus à la mode de Paris.

— Voilà une mauvaise pratique, — reprit le vieillard; — il faudra tenir le bracelet fièrement serré... J'irai le porter moi-même, au lieu d'envoyer Michel chez elle... car une pareille créature pourrait jouer un tour de sa façon à mon petit-fils, qui reviendrait ici sans le bracelet et sans argent.

— Vous avez raison, et d'aillenrs il n'eût

pas été convenable d'envoyer Michel chez une femme de cette espèce.

— C'est à quoi je pensais, monsieur Fortuné. C'est demain dimanche, je porterai le bracelet ; Michel m'attendra à la porte de la maison de cette dame, et nous irons ensuite nous promener selon notre habitude.

A la fin de cette journée, vers les sept heures du soir, Fortuné Sauval se rendit chez son oncle Jouffroy, père de cette belle Aurélie, dont le jeune artiste était si amoureux.

VIII

M. *Jean-Baptiste Jouffroy*, longtemps chef d'une importante maison de soieries, avait quitté le commerce, après la réalisation d'une fortune considérable, laborieusement, intelligemment et honnêtement gagnée. D'une probité scrupuleuse, d'un caractère facile, loyal et ouvert, d'un cœur excellent, d'un esprit faible, et un peu borné, en dehors de sa parfaite aptitude au négoce, M. Jouffroy subissait et chérissait le joug de sa femme qui le dominait absolument depuis plus de vingt années de mariage.

Madame Sophie Jouffroy, *maîtresse femme* dans toute l'acception du mot, très entendue aux affaires, tenant les livres de la maison aussi bien que le meilleur commis; soigneuse et active ménagère; prompte, alerte, impérieuse, souvent emportée, menant haut la main le nombreux personnel de son vaste magasin, avait, par l'ordre, par l'économie, par la régularité de sa gestion domestique, puissamment concouru à l'accroissement de la fortune de son mari.

Monsieur et madame Jouffroy avaient deux filles. L'aînée, *Marianne*, assez laide, boitait par suite d'un accident arrivé plusieurs années auparavant. La cadette, nommée *Aurélie*, d'une beauté éblouissante, était l'idole de la maison. Malgré cette idolâtrie, la jeune fille restait simple, ingénue, affectueuse; enfant gâtée, adulée, elle se laissait, il est vrai, gâter, aduler, mais elle accueillait, avec une si tendre reconnaissance et une si charmante gentillesse, les préférences de son père et de sa mère, et les soins presque serviles dont sa sœur l'entourait, que celle-ci trouvait sa joie, son plaisir, sa récompense dans un redoublement de soins et de prévenances.

Enfin une sœur de M. Jouffroy, vieille fille habituellement revêche, souvent caustique à l'excès, et que l'on appelait communément *la tante Prudence*, demeurait avec la famille qu'elle n'avait jamais quittée.

Monsieur Jouffroy occupait, rue du Mont-Blanc, un vaste appartement situé au premier étage et meublé avec luxe. La maison de l'ancien commerçant était très honorable : il donnait de bons dîners à ses amis, et chaque semaine l'on dansait chez lui durant l'hiver aux sons d'un piano, d'un flageolet et d'un violoncelle ; des négociants, des notaires, des avoués formaient sa société habituelle.

La famille Jouffroy se préparait (sauf Marianne et la tante Prudence) à se rendre au bal, le soir même de ce jour où Fortuné Sauval avait fait part de ses projets de mariage au père Laurencin.

Huit heures venaient de sonner ; l'on avait dîné plus tôt que d'habitude afin qu'Aurélie pût consacrer tout le temps nécessaire à sa toilette.

La jeune fille, debout devant une armoire à glace, éclairée par des bougies fixées dans deux bras de bronze, vissés à ce meuble, s'occupait, assistée de sa sœur, de son père et de sa mère, de ces mille riens qui constituent le complet achèvement d'une parure de bal. Le profil d'Aurélie pouvait rivaliser de grâce, de noblesse et de pureté avec les divins chefs-d'œuvre de l'art grec ; sa chevelure, d'un châtain foncé à reflets presque dorés, nuance harmonieuse et rare, que l'on rencontre dans quelques portraits du *Titien*, encadrait de ses bandeaux ondés, un front charmant et contrastait avec l'ébène de ses sourcils et de la frange de longs cils qui voilaient à demi ses grands yeux d'un bleu de bleuet, *fendus en amande*, et dont les coins se relevaient légèrement vers les tempes ; la fraîcheur délicate de son teint transparent et rose, l'éclatante blancheur de sa peau lustrée comme un marbre mouillé, l'exquise perfection de ses traits, sa bouche mignonne et vermeille, ses dents d'émail, le port gracieux de sa tête, l'élégance de sa taille de nymphe, svelte, souple et très au-dessus de la moyenne; ses bras non moins accomplis que ses larges épaules, sa main effilée, son petit pied étroit, nerveux et cambré, tout concourait au merveilleux ensemble de cette créature enchanteresse, d'une physionomie si bienveillante, si ingénue, si modeste, qu'elle faisait pardonner, si cela se peut dire, son éblouissante beauté.

Aurélie, vêtue d'une robe à tunique en crêpe rose, portait une légère couronne de feuilles de chêne d'un vert clair, placée avec goût sur ses magnifiques cheveux châtains dorés, ondés en bandeaux. Elle semblait, non pas glorieuse, mais naïvement heureuse et presque étonnée, en contemplant sa ravissante image réfléchie dans le miroir.

La clarté des deux bougies fixées dans les bras de bronze de la Psyché, ne suffisant pas à éclairer le parachèvement de la toilette d'Aurélie, son père, debout, tenait à proximité de la glace une lampe Carcel surmontée de son globe. Monsieur Jouffroy, homme de cinquante ans environ, trapu, carré, replet, aux traits épanouis, ouverts, fortement colorés et entourés d'épais favoris grisonnants comme ses cheveux, offrait le type de la franchise et de la bonhomie. Il n'avait pas encore vêtu son habit, se trouvant plus à l'aise en manches de chemise. A la vive clarté de la lampe qu'il tenait des deux mains, il contemplait sa fille, plongé dans une sorte d'extase admirative.

Madame Jouffroy, placée pour ainsi dire en pendentif de son mari, de l'autre côté de la Psyché, tenait le bouquet de bal et l'éventail d'Aurélie, et partageait l'extase de son mari en contemplant sa fille. Madame Jouffroy, âgée de quarante-cinq ans, grande, forte, un peu *hommasse*, commençant à se charger d'embonpoint, brune, le teint haut en couleur, et çà et là couperosé; les cheveux encore fort noirs, abondants et crépus; la lèvre supérieure ombragée d'une légère moustache brune; l'œil grand et vif, les dents blanches, avait dû être ce que certaines gens appellent *une belle femme*. Son attitude, l'accent viril de sa voix, son geste prompt et brusque, annonçaient ses habitudes de domination domestique. Elle était convenablement et richement vêtue selon son âge, d'une robe de velours noir montante, et coiffée d'un élégant bonnet de dentelle orné de fleurs pourpres.

Marianne, debout auprès de madame Jouffroy, offrait d'une main à sa sœur de longs gants blancs, et de l'autre une pelotte d'épingles, dans le cas où leur emploi eût été nécessaire. Cette jeune fille, frêle et de petite stature, avait, quoique assez laide, une physionomie intéressante. Ses cheveux blonds cendrés, s'harmonisaient avec la blancheur de son teint semé çà et là de légères taches de rousseur; ses yeux bleus, petits et renfoncés dans leur orbite, exprimaient la douceur et l'intelligence; son nez court et rond; ses lèvres charnues, quoique vermeilles, et montrant de jolies dents lorsqu'elle souriait, n'offraient pas un gracieux ensemble. Son habitude de marcher en boitant du côté gauche, faisait quelque peu dévier sa taille, à peine accusée d'ailleurs par une robe d'étoffe brune, taillée en blouse. Marianne regardait Amélie avec un ravissement ingénu. Toute aise et presque fière d'être la sœur d'une si adorable personne.

La tante *Prudence*, assise au coin de la cheminée, s'occupait d'un éternel tricot, qu'elle n'abandonnait qu'à l'heure du repas, à moins qu'elle fût renfermée dans sa chambre, où elle lisait beaucoup. Ce soir-là, elle tricottait donc, jetant de temps à autre par-dessus les verres de ses besicles d'argent, un coup d'œil pensif sur le groupe dont Aurélie était entourée. Mademoiselle Prudence Jouffroy représentait le type revêche de la *vieille fille*. Âgée de quarante ans passés, cachant presque entièrement, sous une grande espèce de cornette, ses cheveux bruns qui ne grisonnaient pas encore, elle abritait sous des lunettes ses yeux gris, fins et perçants, quoique un peu fatigués par l'abus de la lecture et du tricot. Son visage, maigre, incolore, à arêtes vives, et comme parcheminé, rappelait ces sévères portraits d'*Holbein*, retraçant quelque pâle matrone, embéguinée de noir, et le col enfoui dans une fraise aussi raide que son maintien. Un sourire caustique, plissant habituellement les lèvres minces de la tante Prudence, donnait à ses traits une expression sardonique. En ce moment surtout, remarquant les empressements, les adorations, dont la famille entourait *son idole*, plus d'une fois la vieille fille haussa les épaules, et plus d'une fois aussi, selon son habitude de témoigner silencieusement d'une impatience chagrine arrivée à son paroxisme, elle se gratta vivement la tempe droite du bout de l'une de ses aiguilles à tricoter. Elle venait de révéler ainsi sa mauvaise humeur, lorsque *le cousin Roussel*, ainsi qu'on l'appelait, en sa qualité de parent et d'ami intime de la famille entra dans la chambre sans être annoncé.

M. Joseph Roussel, *épicier en retraite*, ainsi qu'il s'intitulait complaisamment, avait environ cinquante ans. Il était grand et robuste, encore alerte, malgré la maturité de l'âge. A peine ses épais cheveux noirs, coupés très-court, commençaient-ils de blanchir vers les tempes. Sa figure ouverte, joviale, spirituelle, résolue, fortement accentuée ; son nez assez long, carrément coupé à son extrémité ; ses lèvres rieuses et épaisses ; la vivacité de son regard, tout donnait à ses traits un caractère singulièrement rabelaisien, et l'on aurait cru voir le jovial et malin curé de Meudon, si l'épicier en retraite eût troqué son large paletot contre une soutane.

IX

Le cousin Roussel s'arrêta un moment au seuil de la porte, à l'aspect du tableau si significatif que présentaient le père, la mère et la sœur d'Aurélie, la contemplant avec admiration et l'aidant à finir sa toilette. L'épicier en retraite, homme d'excellent jugement, craignait, non sans raison, de voir gâter le charmant naturel de sa jeune parente, par les adulations, par les éloges incessants, outrés, que madame Jouffroy prodiguait à la beauté de sa fille dont elle était orgueilleuse jusqu'à l'aberration. Aussi, combattait-il toujours, avec une innocente malice, l'exagération des louanges adressées à l'idole de la famille.

— C'est toi, Joseph? — s'était écrié M. Jouffroy en voyant entrer son cousin. — Tu ne pouvais arriver plus à propos... tu auras vu notre Aurélie en grande toilette avant notre départ pour le bal... Approche... regarde et admire!... ajouta l'heureux père en s'effaçant un peu, et en portant toujours la lampe qui jetait sa vive clarté sur la belle jeune fille. Puis, tandis que celle-ci, prenant l'un de ses gants et s'apprêtant à se ganter, se tournait souriante vers le nouveau venu, M. Jouffroy ajouta :

— Hein! Joseph? Est-elle belle!... Mon Dieu, est-elle belle!

— Au secours!... à l'aide!... je suis ébloui!... aveuglé!... — s'écria le cousin Roussel en abritant ses yeux sous ses deux mains. — Je vois trente-six chandelles!... et, aussi vrai que j'en vendais... des chandelles... j'aimerais mieux regarder le soleil en plein midi, que d'affronter le rayonnement de cet astre dont tu es le père!... Car tu crées des astres, Baptiste, ni plus ni moins que le bon Dieu !.... Cependant... je vais encore risquer un œil...

— Vous êtes bien gai ce soir, cousin Roussel, — reprit madame Jouffroy avec un léger accent de dépit, pendant qu'Aurélie riait de tout son cœur de la plaisanterie de l'épicier en retraite.

Celui-ci reprit :

— Mon premier éblouissement passé, je dois déclarer, ma chère Aurélie, que tu es mise et coiffée à ravir : cette toilette est charmante de simplicité ; voilà surtout ce qui me plaît en elle.

— C'est en vérité bien heureux que vous trouviez Aurélie mise à ravir ! — répondit madame Jouffroy en s'apaisant, — mais il faut toujours que vous fassiez de mauvaises plaisanteries !...

— Allons, cousine, la paix ! — dit gaîment Joseph ; — et, lorsque la paix sera faite (car sans cela, vous me croiriez capable de vous flatter pour l'obtenir).... je vous avouerai que cette robe de velours noir vous va, ma foi, fort bien !...

— Allons, méchant cousin, on vous

pardonne, — répondit en souriant madame Jouffroy ; — mais prenez garde à vous !...

— Oh ! oh ! cousine, vous êtes une terrible femme, je le sais ! témoin ce pauvre Baptiste que vous rendez si malheureux ! il en sèche !... son ventre va crever son gilet !... — répondit le cousin Roussel, voyant M. Jouffroy déposer la lampe et vêtir son habit ; puis, s'adressant affectueusement à l'aînée des jeunes filles, Joseph lui dit :

— Bonsoir, ma petite Marianne! Ce n'est pas ta faute, j'en suis certain, si la toilette de ta sœur n'est pas plus charmante encore : tu as fait tous tes efforts pour aider à la parer, chère et excellente enfant ! — Puis, se tournant enfin vers la vieille fille :

— Bonsoir, tante Prudence.

— Bonsoir, cousin Roussel.

— Hé bien !... cet adoré tricot ?

— Hé bien ! vous voyez. Il va toujours son petit bonhomme de chemin...

— Ah !... tante Prudence ! — dit Joseph

d'un air narquois ; — ah ! tante Prudence !

— Qu'est-ce qu'il y a ?

— Si au lieu d'être une tigresse à notre endroit, à nous autres pauvres hommes, vous aviez pourtant préféré au tricot, le mariage, combien votre temps eût été mieux employé !

— J'en doute, cousin Roussel.

— Vraiment ?

— Avec deux aiguilles et une pelotte de laine, je m'occupe paisiblement et à ma satisfaction, du matin au soir, et le diable sait quelle paix et quelle satisfaction j'aurais trouvées en ménage du matin au soir !

— Attrape, Joseph ! — dit en riant M. Jouffroy ; — attrape ! Ma sœur a bon bec !

— Et moi, — reprit gaîment le cousin Roussel, — j'affirme, je déclare, je soutiens que les jours de la tante Prudence auraient été tissés d'or et de soie, si de son côté elle eût tricoté la trame de l'existence de son époux avec autant de soin et d'amour qu'elle en met à tricotter... ce... ce...

que diantre tricotez-vous là, tante Prudence ?

— Un cache-nez... pour cacher le vôtre... ingrat ! car ce pauvre nez, lorsqu'il fait froid, devient de sa base à sa cime d'un rouge cerise qui n'est point joli du tout... mais du tout ! — répondit la vieille fille. — Je voulais vous ménager cette surprise pour votre fête : voilà comme les bonnes intentions sont récompensées !...

— Tante Prudence, je suis un monstre ! — répondit gaîment Joseph en se mettant aux pieds de la vieille fille, tandis que les deux sœurs riaient aux éclats ; — vous aviez des attentions si tendres pour mon pauvre nez ! et je ne flairais pas cette délicatesse !

— Allons, relevez-vous, si vous le pouvez, beau Céladon, — reprit la tante Prudence. — Du moins, quoique vieille fille, j'aurai, une fois dans ma vie, vu un homme à mes pieds, ce qui est fièrement flatteur, je m'en vante, lorsqu'il s'agit d'un muguet comme vous ! Allons, releves-vous... de crainte d'une courbature.

— Je ne me releverai que si vous me

promettez que nous passerons la soirée ensemble avec Marianne, pendant que ces mondains-là vont aller au bal. — Et il indiqua du regard M. Jouffroy, sa femme et Aurélie. — Est-ce dit, tante Prudence?

— C'est dit. Vous avez péché, vous ferez pénitence, — répondit la vieille fille. — Tant pis pour vous si vous vous ennuyez! Ce sera de votre faute probablement.

— M'ennuyer? — dit Joseph en se relevant; — je ne donnerais pas ma soirée pour celle de nos mondains. Allons-nous en dégoiser! allons-nous nous disputer, tante Prudence! Je me sens en verve : ce sera un combat à outrance!... Ah çà, ajouta-t-il en s'adressant à madame Jouffroy, — où donc allez-vous ce soir, cousine? vous êtes, vous et Aurélie, dans tous vos atours.

— Nous allons chez l'avoué Richardet, — répondit M. Jouffroy ; — il y a grand bal, grandissime bal...

— Madame Richardet est venue exprès nous inviter elle-même, en nous recommandant de ne pas manquer d'assister à sa soirée, — ajouta madame Jouffroy ; — elle avait l'air mystérieux, elle nous a promis une surprise...

— Oh ! oh ! — reprit Joseph, — madame Richardet qui n'est pas glorieuse à demi... vu qu'elle l'est plus que tout-à-fait .. est capable de vous avoir ménagé le régal de deux municipaux et d'une demi-douzaine de lampions ! Sous sa porte cochère des lampions et des municipaux ! L'eau m'en vient à la bouche ! Ce sera tout-à-fait dans le genre du faubourg Saint-Germain ! Sont-ils aristocrates, ces Richardet !

— Avec tout ça, je jurerais qu'il n'y a pas, dans le faubourg Saint-Germain, une jeune personne capable d'être seulement comparée à ma fille, — reprit madame Jouffroy en se rengorgeant. — Si les titres se mesuraient à la beauté, Aurélie serait duchesse ou princesse !

— Pourquoi donc pas reine ? — demanda la tante Prudence en tricotant avec une agitation fébrile. — M'est avis que ma nièce est assez belle, assez superlativement belle, assez archi-belle pour épouser un roi ? Si ça vous semble encore trop mesquin, alors poussez jusqu'au demi-dieu ! On dit qu'il y en a encore dans l'olympe. Cherchez et vous trouverez.

— Malgré vos exagérations, — reprit sèchement madame Jouffroy, — j'en suis pour ce que j'ai dit : belle comme elle est, ma fille peut prétendre à tout.

— Oh ! moi, bonne mère, j'ai d'autres prétentions, — répondit Aurélie avec une grâce charmante : — je prétends toujours être aimée de ceux que j'aime... à commencer par ma tante Prudence.

Et ce disant, Aurélie tendit son beau front que la vieille fille baisa en marmottant et ruchonnant comme une véritable fée grognon.

— Hein, cousin Roussel, est-elle assez revêche, assez aigre, cette tante Prudence ? — dit à demi-voix madame Jouffroy. — Aurélie est encore joliment bonne de l'avoir embrassée.

— Je conviens, cousine, que votre belle-sœur n'est point absolument un composé de bienveillance, de grâce et d'aimable abandon, — répondit Joseph en souriant; — mais que voulez-vous !... ces vieilles filles !... le célibat les racornit; leur cœur n'a jamais battu ; soyons-leur indulgents !

A ce moment l'on frappa discrètement à la porte de la chambre.

— Entrez, — dit madame Jouffroy.

X

Fortuné Sauval parut dans la chambre, et son premier regard fut pour Aurélie. Tandis que Marianne, rougissant à la vue de son jeune cousin, s'empressait, afin de se donner une contenance, de mettre en ordre quelques objets qui venaient de servir à la toilette de sa sœur, celle-ci, tendant cordialement la main à l'orfèvre :

— Bonsoir, Fortuné... Voyons, toi qui as si bon goût en ta qualité de grand artiste... dis-moi, me trouves-tu bien coiffée ?

— J'ai admiré beaucoup de portraits, chefs-d'œuvre des maîtres anciens, et jamais je n'ai vu rien de comparable à toi...

Cette simple couronne de chêne, posée sur tes beaux cheveux ondés, s'accorde à merveille avec la grâce et la noblesse de tes traits... Je te dis cela franchement, en artiste... sans chercher à te flatter !

— Vraiment?... Et que me dirais-tu donc si tu voulais me flatter, mon bon Fortuné?... Mais, flatteur ou sincère, j'accepte ton éloge avec d'autant plus de plaisir que voilà l'auteur de cette jolie coiffure, — ajouta Aurélie en indiquant et embrassant Marianne. — Oui, c'est elle qui a eu l'idée de cette simple couronne de feuilles de chêne...

— C'est ta figure, chère sœur, qui fait tout le charme de cette modeste coiffure, — reprit Marianne en souriant; — de même que le génie de Fortuné change en un précieux objet d'art un morceau de métal.

— Tu as beau t'en défendre, petite Marianne, — dit tendrement Aurélie, — tu n'échapperas pas à ma reconnaissance, et si cette coiffure me sied... si l'on me trouve jolie... c'est toi que je remercierai...

— Si l'on te trouve jolie? — reprit madame Jouffroy. — J'aime beaucoup ce *si* là, par exemple! Je voudrais bien voir que...

— Certainement... et vous avez joliment raison! Ne souffrez donc point de pareilles abominations! — s'écria la tante Prudence en interrompant sa belle-sœur et tricotant à outrance. — Quel est donc le scélerat, la scélérate, l'affreux sacrilège qui aurait l'impiété de ne pas adorer votre idole! Par ma foi! l'on a brûlé jadis des parpaillots pour moins que cela!... Allons, au bûcher! au bûcher, les mécréants qui oseraient douter de la divine beauté de ma nièce!

— Ces vieilles filles sont-elles hargneuses! sont-elles envieuses de la jeunesse! — se disait Fortuné, tandis que madame Jouffroy, rougissant de colère et sur le point de répondre aigrement à cette nouvelle boutade de la tante Prudence, se contint à grand'peine et dit à Aurélie :

— Voici bientôt neuf heures et demie, mon enfant; il sera dix heures avant que nous soyons arrivés chez les Richardet; veux-tu que nous partions?

— Oui, maman..., je vais prendre ma pelisse...

Le départ de la famille pour le bal dérangeait les projets de Fortuné. Cependant, après un moment de réflexion, il se rapprocha du cousin Roussel et lui dit tout bas :

— J'ignorais que mon oncle et ma tante dussent sortir ce soir; j'étais venu dans l'intention de leur parler...

— De quoi, mon garçon?

— D'une chose importante...

— Alors, il faudra remettre ton entretien à demain.

— Monsieur Roussel, est-ce que vous accompagnez ce soir mon oncle et ma tante?

— Peux-tu me faire une pareille question, malheureux que tu es! — reprit Joseph en riant. — Regarde-moi donc... vois donc mon paletot d'Alpaga! ma cravate de couleur! mes grosses bottes!... Je ferais honte à ces mondains. Non, non, je reste ici pour tenir compagnie à la tante Prudence et à Marianne.

— Au fait... — dit Fortuné en paraissant se consulter, — j'aime mieux ça.

— Quoi, mon garçon ?

— Je vous le dirai tout à l'heure, après le départ de ma cousine pour le bal.

Durant ce court entretien à voix basse entre l'orfèvre et Joseph, Aurélie faisait ses derniers préparatifs de départ; M. Jouffroy tenait sur son bras la pelisse de bal ; sa femme nouait une légère écharpe de gaze autour du cou de sa fille afin de la préserver du froid, et Marianne, agenouillée, la chaussait de douillettes ouatées pardessus ses petits souliers de satin blanc. Enfin, par mesure de précaution, son père se chargea d'un boa et d'un grand châle supplémentaire, et madame Jouffroy prit le bouquet et l'éventail de l'*idole*.

Aurélie, s'approchant alors de la tante Prudence qui tricotait plus furieusement que jamais, lui tendit de nouveau son front à baiser, en lui disant d'une voix caressante :

— Bonsoir ! ma tante...

— Bonsoir, — répondit brusquement la vieille fille en la baisant au front ; — amuse-toi bien... c'est ton lot, à toi !...

Et elle jeta involontairement les yeux sur Marianne qui, un flambeau à la main, s'apprêtait à éclairer les pas de sa sœur à travers un corridor obscur qu'il fallait traverser en sortant de la chambre à coucher.

— Bonsoir, Prudence ! — dit cordialement M. Jouffroy. — N'oublie pas de recommander à Jeannette de tenir un bol de chocolat bien chaud pour Aurélie à son retour, car elle n'a presque rien mangé à dîner...

— Certainement, — répondit la tante Prudence, — ta fille aura son chocolat en rentrant du bal. Pauvre enfant ! malheureuse enfant ! Hélas ! dans la vie, il ne suffit point de s'amuser, il faut encore se bien réconforter ensuite !

Selon son habitude, le bon M. Jouffroy ne remarqua pas l'accent ironique dont la vieille fille accompagna sa réponse, et dit à sa femme, qui, occupée de soigneusement emmitouffler Aurélie, n'avait point entendu les paroles de sa belle-sœur :

— Allons, Mimi... (souvent il l'appelait familièrement *Mimi*, appellation étrange en cela qu'elle s'adressait à une virile et grande femme) ; — allons, Mimi, partons :... dix heures vont bientôt sonner.

— Bonsoir, cousin Roussel! bonsoir, Fortuné ! — dit Aurélie ; puis embrassant une dernière fois Marianne :

— Bonsoir, petite sœur !... tâche de ne pas t'endormir avant notre retour... je te raconterai ma soirée...

— M'endormir ? — reprit Marianne d'un ton d'affectueux reproche; — Eh! qui donc t'aiderait à te déshabiller, et te donnerait ton chocolat dans ton lit?

— Ah! petite sœur *gâteau*... comme tu abuses de ma facilité à me laisser gâter... mais c'est si bon, si doux, d'être câlinée par toi, que je me résigne... Embrasse-moi encore... et adieu !

— Éclaire-nous, Marianne, — dit madame Jouffroy, après le dernier embrassement des deux sœurs.

La jeune fille allait obéir à sa mère,

lorsque le cousin Roussel dit à l'orfèvre qui suivait Aurélie d'un regard passionné :

— Prends-donc le flambeau des mains de Marianne ; elle voudra éclairer sa sœur jusqu'au bas de l'escalier, et tu sais combien la descente et la montée fatiguent cette pauvre fille en raison de son infirmité.

Fortuné, enchanté de rester quelques instants de plus auprès d'Aurélie, suivit le conseil du cousin Roussel, mais Marianne accompagna sa sœur jusqu'au pallier de l'escalier en disant :

— Chère sœur, amuse-toi bien, et prends surtout garde de t'exposer au froid en sortant du bal ! Tu trouveras en rentrant bon feu dans notre chambre, et ton chocolat prêt... amuse-toi bien !

Puis Marianne alla rejoindre la tante Prudence, et le cousin Roussel.

Malgré la lumière de la lampe de l'escalier, l'orfèvre, son flambeau à la main, éclaira Aurélie jusque sous la voûte de la porte cochère où attendait une calèche garnie de ses vasistas et attelée d'un cheval, modeste équipage de famille. M. et madame Jouffroy, de crainte de chiffonner l'ample et fraîche robe de gaze de leur fille, lui abandonnèrent les deux places du fond de la voiture, et se placèrent en se serrant beaucoup sur la banquette de devant.

Fortuné ferma la portière, remonta dans l'appartement et apprit d'une servante que la tante Prudence était rentrée chez elle avec Marianne et le cousin Roussel.

XI

La chambre de la vieille fille, retraite silencieuse, avait vue sur la cour, et offrait un caractère particulier : tout y était net, ordonné, rangé méthodiquement et d'une propreté scrupuleuse. La tante Prudence voulait absolument *faire* elle-même *son ménage*. Fidèle à ses souvenirs de famille, et peu soucieuse du luxe moderne, elle conservait le modeste et antique ameublement qui autrefois garnissait la chambre de sa mère, le grand lit à baldaquin et à rideaux de serge, pareils à ceux de la fenêtre ; les chaises et les bergères de bois gris, contourné, recouvertes de tapisseries à personnages, et autres objets mobiliers du bon vieux temps. A travers les vitrages d'une armoire de noyer servant de bibliothèque, l'on apercevait une collection d'excellents livres classiques. Une petite pendule et deux flambeaux de cuivre doré style Louis XVI, ornaient le marbre de la cheminée, au coin de laquelle se tenait alors la vieille fille toujours occupée de son tricot. Marianne, assise à côté d'elle, brodait, et le cousin Roussel, plongé dans une vaste bergère, occupait l'autre angle de la cheminée.

— C'est bien aimable à toi, Fortuné, de venir passer la soirée avec nous, — dit Marianne au jeune orfèvre, lorsqu'il entra chez la tante Prudence. — Depuis trois jours nous ne t'avions pas vu. — Et souriant, elle ajouta sans lever les yeux de dessus son ouvrage de broderie : — Sais-tu que c'est long, trois jours !...

— Le temps m'a duré autant qu'à toi, ma petite Marianne, — répondit familièrement Fortuné, — car tu le sais bien, mon plus grand plaisir est de venir ici ; mais un travail urgent qui me plaisait beaucoup a absorbé tous mes instants... et je n'ai pas mis le pied hors de mon atelier...

— Encore quelque chef-d'œuvre? dit Marianne avec un accent de vif intérêt. Et sa figure, quoique peu jolie, prit une expression pleine de charme. — Voyons, raconte-nous cette nouvelle merveille de ton art. Est-ce un objet d'orfèvrerie? est-ce un bijou? est-ce une parure? Mon Dieu, que tu dois être fier de créer tant de belles choses! Car enfin, moi qui ne suis pour rien dans tes chefs-d'œuvre, je me sens toute glorieuse en songeant que tu les as produits!

— Quant à cela, mon enfant, j'en suis certaine, tu es plus glorieuse que ne l'est Fortuné lui-même, — reprit la tante Prudence; — il est modeste comme un homme qui ne se doute pas de son talent.

— C'est la vérité, tante Prudence, reprit le cousin Roussel. — Puis s'adressant à l'orfèvre: — Ah çà, mon garçon, tu avais, ce me semble, quelque chose à nous dire, à la tante Prudence et à moi. De quoi s'agit-il?

— J'étais, en effet, venu ici, ce soir, afin de parler d'une chose importante à M. et à madame Jouffroy ; mais puisqu'ils sont sortis, — j'aime autant que ce soit vous, mademoiselle Prudence, et vous, monsieur Roussel, qui soyez mon interprète auprès de mon oncle et de ma tante.

— Fortuné... — reprit timidement Marianne, — si ma présence te gêne... dis-le... j'irai dans ma chambre attendre la fin de ton entretien avec ma tante et M Roussel.

— Pas du tout ! tu n'es pas de trop ici, ma petite Marianne... Nous sommes en famille, et il est justement question d'une affaire de famille.

— En ce cas, Fortuné, reprit la vieille fille, — quelle est cette affaire?

— Tante Prudence, — je voudrais me marier...

— Ah, mon Dieu ! — s'écria involontairement Marianne, en devenant pourpre et toute tremblante, tandis que ses traits révélaient autant de surprise et de trouble que de douleur.

L'exclamation de la jeune fille fut si soudaine, que le cousin Roussel et Fortuné, très étonnés, lui demandèrent à la fois en se tournant vers elle :

— Qu'as-tu donc, Marianne ?

— Rien... — répondit-elle avec confusion, — et devenant plus rouge et plus tremblante encore ; — rien... c'est que... c'est que... je... me suis piquée... avec mon aiguille.

Et baissant la tête afin d'échapper aux regards fixés sur elle, Marianne porta l'un de ses doigts à ses lèvres, comme si elle eût voulu pomper le sang de sa piqûre prétendue.

La tante Prudence avait partagé la surprise causée par l'exclamation de sa nièce, et, pendant quelques instants, elle la contempla silencieusement par-dessus le verre de ses besicles, tout en continuant de tricoter, puis elle baissa la tête d'un air pensif et attristé.

— Marianne, — reprit l'orfèvre avec intérêt, — est-ce que tu t'es piquée profondément ?

— Non, non, — balbutia la jeune fille, — ce n'est rien... je te le répète... ce n'est rien..., mais dans le premier moment, cela m'a fait un peu mal...

— Ah! tu veux te marier, Fortuné? — reprit le cousin Roussel, croyant aussi à la réalité et au peu de gravité de la piqûre de Marianne, et n'attachant plus dès lors aucune attention à cet incident; — tu veux te marier? Hé! hé! c'est une idée comme une autre... meilleure qu'une autre... quand elle nous mène à épouser une bonne et digne femme; mais, mon pauvre garçon, — comment diable viens-tu faire tes confidences conjugales à la tante Prudence, qui tient le mariage en si complette aversion, exécration et abomination, qu'elle a voulu rester fille! Comment! tu la fais juge et partie?... Elle ne manquera pas de te vanter les douceurs du célibat. Heureusement je suis là... pour défendre le *conjungo*, et nous allons avoir avec elle, une fameuse prise de bec!

La tante Prudence, au lieu de vertement riposter, selon son habitude, à l'attaque du cousin Roussel, ne répondit rien, et continua de tricoter en jetant un regard pénétrant sur Marianne, dont elle remarquait le trouble et le douloureux embarras.

— Il est très naturel que je fasse mes confidences à mademoiselle Prudence, — avait répondu Fortuné au cousin Roussel, — puisqu'elle est la tante de la personne que je désirerais épouser...

— Et le chocolat d'Aurélie !... j'ai oublié de le commander à Jeannette !... — dit vivement Marianne d'une voix altérée, en se levant précipitamment.

Et de pourpre qu'elle était d'abord, devenant peu-à-peu très pâle, la pauvre enfant, éperdue, presque défaillante, se dirigea vers la porte, aussi vite que le lui permit son infirmité.

La tante Prudence, sans faire un mouvement, sans trahir en rien sa pensée, suivit sa nièce d'un regard chagrin, et venant en aide à l'expédient trouvé par Marianne afin de pouvoir sortir et cacher ses angoisses, la vieille fille ajouta :

— N'oublie pas, mon enfant, de recommander la brioche à Jeannette. Ta malheureuse sœur mange toujours de la brioche avec son chocolat.

— Je n'oublierai rien, ma tante, — reprit Marianne d'une voix étouffée par ses larmes à peine contenues. Et fermant la porte, elle disparut.

— Quelle excellente créature que Marianne! — dit le cousin Roussel, oubliant un instant la confidence de Fortuné. — Cette chère enfant ne pense qu'à être agréable à sa sœur... Tant d'autres à sa place seraient jalouses d'Aurélie!

— Oh! c'est vrai, — reprit le jeune homme, — il n'y a pas au monde de meilleur cœur que celui de Marianne.

— Oui... et il lui sert à grand' chose, son bon cœur! — reprit la vieille fille avec amertume, en frottant sa tempe droite du bout de son aiguille à tricoter. — Elle est fièrement sotte d'être si bonne!... Que n'a-t-elle un cœur bien sec, bien froid, bien égoïste!... une dose de parfait contentement de soi-même par là-dessus!... elle serait cent fois plus heureuse. Ah! pauvres bons cœurs! ils sont, dans leur douce résignation, environ comme ces pelottes où chacun enfonce insoucieusement son épingle; à cette différence près, qu'en apparence insensibles comme la pelotte, ils souffrent le martyre à chaque coup d'épingle, ces excellents cœurs!... et c'est bien fait!... pourquoi sont-ils si niais?...

— Sont-elles aigres et malveillantes, ces vieilles filles qui n'ont jamais rien aimé! — se disait Fortuné, en écoutant la boutade de la tante Prudence. — Celle-ci reprit bientôt, en s'adressant à lui:

— Maintenant, mon garçon, revenons à tes confidences. Tu nous disais que tu voulais te marier?

— Oui, tante Prudence.

— Et c'est ma nièce que tu désires épouser?

— Ce serait mon plus vif désir; je suis éperdûment épris d'elle.

— Or, comme j'ai deux nièces, celle dont tu es éperdûment épris... c'est...

— C'est Aurélie! ai-je besoin de vous le dire?

— Non, certes, tu n'avais pas besoin de me le dire: cela va de soi;... tu dois préférer Aurélie: elle est si belle, si incomparablement belle!...

— Oh! oui, — répéta Fortuné, — incomparablement belle!...

— C'est un astre, un soleil, un météore, la huitième merveille du monde! — s'écria la tante Prudence avec un emphase ironique et une amertume croissante; — mais je te prie de choisir une autre intermédiaire que moi au sujet de tes épousailles avec ton astre!

— Que dites-vous? — reprit Fortuné, non moins abasourdi que le cousin Roussel, en entendant la véhémente sortie de la vieille fille; — vous refusez de vous intéresser à moi dans cette circonstance?

— C'est un inconvénient de ma position; le cousin Roussel te l'a dit tout à l'heure: les vieilles filles, restées célibataires par sécheresse de cœur, prêchent d'exemple et de conviction les douceurs du célibat. Ainsi fais-je... et j'ajoute: Crois-moi, reste garçon; sinon, si tu veux te marier, cherche ailleurs qui te mettra la corde au cou .. Le cousin Roussel, par exemple, te rendra cet agréable service-là mieux que personne... Il sait ce qu'en vaut l'aune, de cette belle corde conjugale!... il a été si heureux en ménage!!

— Que j'aie été heureux ou non en ménage, — reprit Joseph, légèrement piqué de cette apostrophe, — cela importe peu au mariage de Fortuné, ce me semble.

— Certes, — répondit la vieille fille en tricotant avec furie, — cela importe aussi peu que l'expérience importe dans les choses de la vie; et crier casse-cou à ceux qui vont tomber le nez dans un fossé, c'est faire acte d'égoïsme probablement?

— Ma tante, — reprit tristement Fortuné, — je ne croyais pas vous fâcher en vous priant de...

— Tu ne me fâches pas du tout, tu es un excellent garçon, je t'aime de tout mon cœur, je sais ce que tu vaux, je te souhaite tout le bonheur possible... et c'est justement pour cela que je te demande de ne plus me parler de ce mariage-là... Si mon frère y consent, si sa femme y consent, si Aurélie y consent... soit!... épouse ton astre, cela te regarde... Je ne soufflerai mot... mais intervenir dans la chose, jamais !

— Mon Dieu, ma tante, — reprit Fortuné de plus en plus chagrin et désappointé, — vous croyez donc que je ne rendrais pas Aurélie heureuse?

— Toi?... tu as comme ta cousine Marianne, un cœur d'ange... Aussi tu n'es pas au bout de tes peines, mon pauvre garçon, ni elle non plus !

— Alors, ma tante, puisque vous avez confiance dans mon cœur, quelle objection trouvez-vous à mon mariage avec Aurélie? Si vous saviez, mon Dieu, combien je l'aime !... Je vous le jure, ma tante... cet amour...

— Hé ! tu perds ton temps et tes paroles ! — s'écria le cousin Roussel en interrompant le jeune orfèvre. — Je te l'avais dit, croyant plaisanter, et c'était pourtant la vérité : parler d'amour et de cœur à la tante Prudence... c'est lui parler grec ! hébreux... algonquin !

— En ce cas, cousin Roussel, pourquoi me parler grec, hébreu, algonquin ?

— Allez ! vous n'avez pas plus de sensibilité que le marbre de cette cheminée!...

— Tant mieux! Rien ne mord sur le marbre!

— Quelle réponse! Tenez, à vous entendre, l'on vous prendrait pour une femme sans âme!... Mais, Dieu merci, vous vous vantez, tante Prudence, je l'espère!...

— Vous êtes effrayant de pénétration, et réjouissant d'espérance, cousin Roussel!...

— Quelle femme! quelle femme!... Ainsi vous refusez de parler à Jouffroy et à sa femme de la demande de Fortuné?

— Je refuse... net... net!...

— Mais encore une fois, pour quel motif? — s'écria Joseph, — car, sur ma parole, vous feriez damner un saint!

— Heureusement, vous n'êtes pas du tout un saint, cousin Roussel; je suis fort tranquille à l'endroit de votre damnation. Je vous le répète, je ne me mêlerai en rien de ce mariage, parce que, selon moi, Fortuné aurait tort de se marier.

— Mais, ma tante, je vous l'ai dit... j'aime Aurélie avec passion! Et...

— Amour! passion! Voici que de rechef tu me parles grec, mon garçon, et le cousin Roussel te l'a déclaré, je n'entends point ce ramage-là.

— Tu le vois, elle est impitoyable, — reprit l'épicier en retraite en se levant. — Viens, laissons-la, je me chargerai demain de ta demande auprès de Jouffroy et de sa femme. Oui, tante Prudence, ne vous en déplaise! De cette demande je me chargerai, parce qu'elle est de tout point convenable et sortable.

— Soit! mariez Fortuné, mariez-vous vous-même pardessus le marché! Grand bien vous fasse à tous deux!... Bonne chance!

— Merci de ces vœux charitables; mais, du moins, me promettez-vous de ne pas chercher à influencer la famille?... enfin de rester neutre en tout ceci?

— Qu'est-ce qu'une vieille fille?... sinon l'être neutre par excellence! — reprit la tante Prudence. — Neutre je suis, neutre je resterai!

— C'est déjà quelque chose... Me promettez-vous aussi de ne pas instruire Jouffroy, sa femme ou Aurélie de notre entretien de ce soir au sujet de ce mariage?

— Je vous le promets.

— Cela me réconcilie un peu avec vous, quoique je sois toujours furieux... entendez-vous !...

— Bon, bon! cette furie-là passera comme tant d'autres choses passeront et ont passé, cousin Roussel!

— Il y a quelque chose qui devrait être passé depuis longtemps : c'est mon amitié pour vous, vilaine femme, qui prétendez avoir le cœur aussi dur, aussi froid que le marbre de cette cheminée; et cependant je ne sais comment diable ça se fait, cette amitié dure depuis vingt ans !... et malgré moi!... car, je vous demande nn peu pourquoi je vous suis affectionné ?

— Parce que nous avons toujours maille à partir ensemble ; vous me taquinez, je vous le rends, ça vous amuse, moi aussi, et le temps passe ; sans compter que j'ai la faiblesse de vous tricoter des cache-nez par pudeur pour le vôtre, méchant ingrat! Là-dessus, bonsoir, j'ai sommeil. Quant à toi, Fortuné, n'attribue pas surtout mon refus à un mauvais sentiment contre toi ; tu es le meilleur et le plus honnête homme que je sache ; mais j'ai fait vœu à la patronne des vieilles filles de ne m'occuper du mariage de personne, en reconnaissance de ce qu'elle m'a toujours épargné la tentation du mal. Il te reste le cousin Roussel, il se chargera de ta demande ; cela va de soi, c'est un veuf. Il est tout guilleret, le compère, de te colloquer dans la confrérie... dont il n'est plus, le cher homme !

— Allons-nous-en, Fortuné, car, Dieu me pardonne, je crois que je la battrais !

— Bonsoir, ma tante, — dit tristement Fortuné. — Puisse votre refus de vous charger de ma demande en mariage, n'être pas pour moi d'un mauvais augure !... J'étais venu ici ce soir plein de confiance... et je m'en vais presque sans espoir...

— Voyez-vous ce que vous avez fait ? tigresse au cœur d'airain ! Vous désolez ce pauvre garçon, — reprit Joseph ; puis s'adressant au jeune orfèvre : — Mais rassure-toi... demain je parlerai à la famille... Dieu merci, il n'y a pas que des tantes Prudence dans le monde !...

— Car il finirait bientôt, — ajouta la vieille fille. — Bonne nuit, cousin Roussel!

— Et moi je vous dis : Mauvaise nuit, tante Prudence ! Puissiez-vous avoir un affreux cauchemar ! Et pour vous punir de votre insensibilité, puissiez-vous rêver que vous êtes amoureuse folle... du grand turc ! ! !

— Est-il galant !... il me dit cela... parce que j'ai surtout l'air d'une Houri... d'une odalisque!... d'une Fatmé... d'une Leila!... n'est-ce pas, cousin Roussel ?...

— Laissez-moi tranquille !... je vous abhorre! — reprit Joseph avec un courroux comique, en sortant ainsi que Fortuné de la chambre de la vieille fille.

Peu de temps après leur départ, Marianne rentra timidement chez sa tante.

XII

Lorsque Marianne revint auprès de la vieille fille, celle-ci s'aperçut facilemeut que sa nièce avait récemmeut pleuré à chaudes larmes. L'expression navrante de son visage trahissait une douleur profonde et à peine contenue. Marianne se rassit auprès de la vieille fille et reprenar' sa broderie qui lui servait de contenanc(elle dit avec embarras :

— Pardon... ma tante... si je suis restée si longtemps dehors... c'est que... c'est que... Jeannette était descendue chez le concierge, et je l'ai attendue... pour lui recommander le chocolat de ma sœur...

— Mon enfant... tu viens de pleurer...

— Moi... ma tante ?...

— De pleurer beaucoup !... tu as le cœur gros...

— Ma tante... je vous assure...

— Les larmes te viennent encore aux yeux... elles t'étouffent...

— C'est que... c'est que tout à l'heure, j'ai été... prise d'une migraine si violente... que... la douleur m'a fait pleurer... je m'en ressens encore...

— Mon enfant... tu ne me dis pas la vérité...

— Ma tante...

— Regarde-moi en face...

— Mon Dieu... je...

— Tu as un chagrin... un grand chagrin... tu souffres...

— Oui, ma tante... cette migraine...

— Marianne... tu n'es pas sincère...

— Je... je ne sais pas... ce que vous voulez dire...

— Je dis que tu n'es pas sincère...

— En quoi manquai-je de sincérité ?

— En me cachant la cause de ta peine...

— Je vous l'ai dit, ma tante... cette migraine...

— Marianne, je ne t'inspire pas de confiance.

— Pouvez-vous penser que...

— Ne vois pas un reproche dans mes paroles, pauvre enfant!... non... car tu ne peux pas avoir confiance en moi...

— Pourquoi cela ?

— Pourquoi ?

— Oui, ma tante.

— Parce que je suis une *vieille fille*, en d'autres termes : une égoïste au cœur sec... et glacé;... une créature qui, sauf l'affection naturelle qu'elle a pour son frère,... n'ayant jamais rien aimé dans sa vie, ne saurait comprendre les peines de ceux qui aiment... et leur compatir...

— Ma tante... je n'ai pas de vous une telle opinion...

— Peut-être ne l'as-tu pas... mais elle est celle de tout le monde ici... Ta sœur surtout, m'entendant journellement répondre par d'aigres railleries aux adulations insensées que l'on prodigue à sa beauté, me croit remplie de malveillance à son égard... pauvre enfant! combien elle se trompe! — ajouta la vieile fille en secouant mélancoliquement la tête ; — toute ma crainte est que l'on parvienne à corrompre son charmant naturel par des flatteries extravagantes. Aussi je m'efforce de lui faire sentir leur ridicule exagération en les exagérant encore...

Marianne écoutait avec une surprise inexprimable la tante Prudence qui lui appparaîssait sous un jour tout nouveau, et qui, après quelques moments de réflexion, poursuivit ainsi :

— Si je désire obtenir ta confiance, mon enfant, crois-le bien, ce désir vient uniquement de l'affection que je te porte... mais je le reconnais, cette confidence des plus secrets sentiments de ton cœur, je ne peux l'attendre de toi pour beaucoup de raisons ; entre autres la différence d'âge qui existe entre nous... et la crainte que te cause sans doute mon esprit railleur... Jusqu'à présent, et ainsi que les autres personnes de la famille, tu m'as jugée sur les apparences ; je n'avais aucune raison de te détromper ; il n'en est plus ainsi : tu souffres ; ce qui s'est passé ici, ce soir, a confirmé certains soupçons éveillés en moi depuis quelque temps; la circonstance est grave : je voudrais te venir en aide; mais involontairement tu te défies de moi. Cette défiance, je n'ai qu'un moyen de la vaincre... c'est de t'ouvrir mon cœur, c'est de me montrer à toi *au vrai*, et tout autre que je ne parais; c'est enfin de te faire une confidence que je n'ai jamais faite à personne... Entends-tu bien ? à personne !... Peut-être alors, touchée de la confiance que je te témoigne, m'ouvriras-tu ton cœur à ton tour, pauvre enfant!... et en ce cas j'espère apaiser... consoler ton chagrin... et pouvoir te sagement conseiller.

La vieille fille en parlant ainsi semblait transfigurée : sa physionomie, toujours ironique ou revêche, devenait mélancolique et douce; la laideur du visage disparaissait presque sous le charme de son expression; rien de plus suave en ce moment que l'accent de la tante Prudence, accent ordinairement incisif ou âpre; enfin son regard était si compatissant, si affectueux, que Marianne, dont la surprise allait croissant, se sentit de plus en plus émue et attendrie.

— Écoute-moi donc, chère enfant, — reprit la vieille fille ; — mais avant de poursuivre cet entretien, promets-moi... de garder un secret absolu sur mes confidences, même envers ton père, ta mère et ta sœur.

— Oh ! je vous le promets !...

— Je sais que je peux me fier à ta parole... et je continue... Ton père (il y a vingt ans de cela), ton père, que je n'ai jamais quitté, commençait sa fortune et tenait son magasin de soieries. Non plus que toi, mon enfant, je n'étais pas avantagée par la nature ; et encore, qui saurait te regarder, te pénétrer, trouverait dans la bonté, dans la candeur de ta physionomie, un attrait capable de suppléer à la beauté qui te manque...

— Ma tante...

— Ne rougis pas... je t'aime trop pour te flatter... Il faut d'ailleurs être doué d'une certaine délicatesse de cœur, pour remarquer en toi ce qui me plaît, pour trouver comme moi, je ne sais quoi d'intéressant, de touchant, jusque dans la démarche timide et gênée que t'impose ton infirmité, pauvre enfant!... Entends donc mes louanges sans embarras, ce sont peut-être les seules que tu entendras!... Je te disais donc qu'il y a environ vingt ans, je vivais, comme j'y ai toujours vécu, dans la maison de ton père; j'étais aussi laide qu'aujourd'hui; ma taille osseuse, ma figure naturellement revêche, ma voix aigre, tout en moi devait repousser, je le savais; jamais je ne me suis abusée là-dessus. De cette connaissance de moi-même, il est résulté ceci : que, dès l'âge de dix-huit ans, je me suis décidée à rester célibataire. J'aurais pu, ainsi que tant d'autres filles laides, me marier, grâce à mon patrimoine; mais j'ai le cœur fier, je préfère l'isolement au dédain. Cependant malgré ma laideur, malgré mes disgrâces physiques, j'avais malheureusement une âme aimante, et d'une sensibilité extrême, mais je sentais qu'avec mes petits yeux, mon grand nez, ma grande bouche et mes joues creuses, je serais la femme la plus ridicule du monde si je laissais seulement soupçonner ce besoin de tendres affections que l'on ne semble tolérer que chez les belles personnes. Je pris donc, si cela se peut dire, l'accent, le langage, les habitudes, en un mot, le *caractère* de ma laideur. Je passai bientôt pour une de ces créatures qui n'aiment personne, parce que personne ne peut les aimer ; qui se rendent désagréables à tous, parce que personne ne saurait chercher à leur être agréable ; et qui, par la causticité de leur esprit, se vengent de la répugnance qu'elles inspirent. Telle je m'étais faite, ou plutôt, telle j'étais en apparence, lorsque j'eus à subir une cruelle épreuve. L'un de nos cousins, ami d'enfance de mon frère, venait très souvent le voir, et vivait dans notre intimité. Ce parent, homme d'un excellent cœur, d'un rare bon sens, d'un esprit naturel très original, me plaisait beaucoup ; ses traits, sans être beaux, prévenaient tout d'abord en sa faveur par leur expression de cordialité... Que te dirai-je mon enfant... j'aimai ce cousin...

— Vous, ma tante!...

— Je l'aimai passionnément.

— Vous ?... répéta naïvement Marianne. — Il serait possible ?

— Cela t'étonne, et en effet, cela doit t'étonner beaucoup, d'apprendre que la tante Prudence, que tu vois sans cesse ses lunettes sur le nez, son tricot à la main..., ait aimé... oh ! oui, tendrement aimé... et qui pis est... qu'elle aime encore...

— Encore ?... vous l'aimez encore ?...

— Oui, — répondit la vieille fille avec un accent de mélancolie profonde et ne pouvant retenir une larme.

— Ma tante... vous pleurez !

— Cela t'étonne aussi de voir une larme dans les yeux de la tante Prudence ? Cette vieille fille revêche ! ce grognon qui a toujours l'ironie aux lèvres ! — Puis elle ajouta en souriant tristement : — Oh ! mon enfant, la belle invention que les lunettes et le tricot !

— Que voulez-vous dire, ma tante ?...

— Ah ! bien des fois mes yeux sont devenus humides, à l'abri du verre de mes besicles ! Bien des fois mon tricot m'a servi de contenance, et m'a permis de dissimuler le tremblement de ma main, lorsque l'émotion me faisait tressaillir!... Bien des fois, ou plutôt, presque toujours, mon tricot, cette occupation machinale, me permet de m'isoler des personnes qui m'entourent, et de me livrer impunément à des pensées tristes et chères! Oui, sans l'occupation de mon tricot, l'on aurait remarqué mon regard fixe et distrait. Alors les questions de pleuvoir: « Que faites-vous « donc, tante Prudence? Que faites-vous « donc là, immobile comme un therme et « et bayant aux corneilles? » Tandis que, grâce à mon tricot favori, pendant que mes doigts conduisent machinalement mes aiguilles, mon esprit est souvent ailleurs... et personne ne s'en doute... Ah! mon enfant, quand une femme, jeune ou vieille, mais point tout à fait sotte, tricote le jour durant, tantôt avec indolence, tantôt avec une sorte d'activité fiévreuse, sois-en convaincue, cette femme, automate en apparence, vit presque toujours sous l'obsession d'une pensée secrète, douce ou pénible à la fois.

A mesure qu'elle se révélait ainsi à sa

nièce, la vieille fille voyait peu à peu disparaître la défiance qu'elle avait jusqu'alors inspirée à Marianne. Celle-ci commençait à se sentir, et pour mille raisons, en étroite communion d'idées avec sa tante, qui poursuivit ainsi son récit :

XIII

— Je te disais donc, chère enfant, — reprit la vieille fille, — que j'aimais passionnément l'un de nos parents qui, intimement lié avec mon frère, venait très souvent à la maison...

— C'est comme moi !... — pensait Marianne avec surprise et tristesse, puis elle ajouta tout haut :

— Ce parent, ma tante, ignorait que vous l'aimiez ?

— Il ne s'en doutait pas... Il ne s'en est jamais douté...

— Toujours comme moi... — pensait Marianne, — toujours comme moi!...

— Lui avouer mon amour ?... le pouvais-je ?... non!... j'étais trop laide!... Mon cousin se serait moqué de moi..... ou il m'eût fait comprendre l'impossibilité de notre mariage.

— Ainsi, ma tante, vous aimiez sans espoir ?

— Oui, sans espoir... lorsque je conservais ma froide raison;... mais malgré moi, je me laissais parfois surprendre à de folles illusions, et alors je me disais : « Peut-être devinera-t-il mon amour..... peut-être « pensera-t-il qu'il est rare de trouver « réunies, les qualités du cœur et la beauté « de la figure... peut-être pensera-t-il que, « lorsqu'il s'agit d'un engagement de « toute la vie, mieux vaut un cœur ten- « drement, incessamment dévoué, qu'une « beauté éphémère. » En un mot, ma pauvre enfant, je m'abandonnais à ces imaginations communes aux femmes laides, qui se sentent riches d'inutiles trésors de dévouement et de tendresse...

— Toujours comme moi ! — pensait Marianne; — hélas ! toujours comme moi !

— Malheureusement mon cousin n'avait pas lieu de songer aux compensations que l'amour le plus dévoué peut apporter à la laideur; puis, pour apprécier ce que valait mon cœur, il eût fallu le pénétrer, l'étudier... c'est ce dont mon cousin n'avait souci. Familier avec moi, ainsi qu'on l'est entre parents du même âge qui se voient fréquemment, mais ne ressentant à mon égard aucune sympathie, car je n'avais rien d'attrayant, tant s'en faut! il ne s'apercevait pas du trouble, de l'émotion que me causait sa présence; il ne remarquait pas mille puérilités qui malgré moi trahissaient mon amour...

— Toujours comme moi!... — pensait Marianne de plus en plus étonnée des rapprochements étranges qui existaient entre sa position et celle de sa tante.

— Enfin vint le jour où mon cousin dut se marier... Il était commerçant; la surveillance d'une femme devenait nécessaire à sa maison...

— Ainsi, ma tante, il s'est marié?

— Oui, à une jeune personne assez belle.

— Mon Dieu, que vous avez dû souffrir!...

— Oui, j'ai beaucoup souffert.... parce que je craignais (et mes craintes ne m'ont pas trompée) que la femme, choisie par mon cousin, ne le rendît pas heureux; non qu'elle eût de graves défauts, mais elle était sotte et accariâtre. Peu d'années après son mariage, mon cousin finit par découvrir en moi quelque bon sens, quelque droiture d'esprit : il me confiait ses ennuis. Je l'aimais sincèrement; et, loin de me réjouir de ses chagrins qui, pour ainsi dire, me vengeaient, je les ressentais avec lui, je le consolais, je le conseillais de mon mieux. Il s'établit ainsi, peu à peu, entre nous, une étroite intimité; j'y trouvais le dédommagement de mes peines secrètes. Enfin, au bout de quinze ans de mariage, mon cousin devint veuf...

— Quoi! ma tante... il est veuf?... — dit vivement Marianne en semblant réfléchir.

— Il est veuf... et lorsqu'il le devint, je m'abandonnai à une dernière et folle espérance. Mon cousin n'était plus jeune, il atteignait un âge voisin de la vieillesse; époque de la vie où l'on ne doit plus guère voir dans le mariage, qu'un échange de tendres soins, de confiance intime, de sérieuse affection. Aussi, à l'âge où nous étions arrivés tous deux, je pensais que peut-être ma laideur ne compterait plus... et qu'il s'imaginerait quelque jour de me proposer d'achever ensemble notre existence, je me trompais : il resta veuf, et, malgré son amitié, il n'a pas plus songé à moi qu'il n'y avait songé dans sa jeunesse ; puis, il faut l'avouer... il me croyait, il me croit toute autre que je suis. S'arrêtant à la surface de mon caractère, il s'étonne parfois naïvement de l'amitié que je lui témoigne... à ma manière, il est vrai. Je suis pour lui, comme pour tant d'autres, une vieille fille vouée au célibat par égoïsme, et qui a vieilli sans se douter qu'elle eût un cœur. De là ses railleries continuelles sur mon insensibilité, sur mon horreur du mariage...

— Mais... ce soir encore... les plaisanteries de notre cousin Roussel.. .. Mon Dieu, ma tante ! c'est donc lui... que vous avez tant aimé?..... Que vous aimez encore?...

— Oui... c'est lui...

— Ah ma pauvre tante !

— Cet aveu, Marianne, est la plus grande preuve de confiance que je te puisse donner... Mon seul but est d'attirer, de mériter la tienne, et ainsi de te consoler, de te guider de mes conseils... Hélas! tes souffrances, je les ai ressenties! Moi aussi, j'ai aimé sans espoir... et sans espoir tu aimes Fortuné. Peut-être maintenant me l'avoueras-tu, pauvre enfant?...

— Oui, vous avez deviné mon secret... oui, j'aime Fortuné sans espoir. Hélas! ne va-t-il pas épouser ma sœur!...

Et Marianne fondant en larmes se jeta au cou de la vieille fille qui, partageant l'émotion de sa nièce, la tint pendant quelques instants serrée dans ses bras; puis elle lui dit tendrement:

— Calme-toi..... chère enfant..... et tâchons de parler raison... Envisageons ta position sans rien exagérer, ni en mal, ni en bien...

— Ah! ma tante,.... tout est fini pour moi. Fortuné aime Aurélie..... Elle est si belle!..... comment ne l'aimerait-il pas!... Mon Dieu! pourquoi donc tous les avantages à ceux-ci... et rien à ceux-là?... Oh! pour la première fois j'envie la beauté de ma sœur... A elle les flatteries, les empressements, les préférences de mon père et de ma mère... Elle est leur joie, leur orgueil, tandis que moi... — Et les pleurs de Marianne coulèrent de nouveau. — Tandis que moi je suis laide, infirme..... Mes parents osent à peine me montrer... ils me cachent... je leur fais honte... je le sais bien... Depuis longtemps je m'étais résignée à mon sort.

— Marianne... que dis-tu ?

— Ma tante, me croyez-vous aveugle et insensible ?... Ah ! sans la confiance que vous m'inspirez maintenant... jamais je ne me serais plainte à vous...

— De ces préférences... tu souffres donc, malheureuse enfant ?

— Non... jusqu'à ce soir, je n'en avais pas souffert... je les comprenais... elles me paraissaient naturelles... moi aussi j'étais fière de ma sœur, je me plaisais à la parer, à l'admirer, mais aujourd'hui, je jalouse, je déteste sa beauté ; oui... tenez, ma tante, c'est odieux ce que je vais vous dire, mais maintenant que je sais qu'Aurélie épousera Fortuné... il me semble que je la hais !...

Et Marianne sanglotant cachait son visage dans son mouchoir.

La vieille fille prenant entre les siennes, les mains de sa nièce, lui dit avec l'accent d'un profond intérêt :

— Mon enfant, je ne veux pas te donner de fausses espérances ; je te dirai toute la vérité, mais aussi tu reconnaîtras que tu as tort de te désoler ainsi à l'avance... Ecoute-moi : Fortuné nous a fait part, au cousin Roussel et à moi, de son désir d'épouser ta sœur, dont il est, nous a-t-il dit, épris, passionnément épris.

— Mon Dieu... comme il l'aime !...

— Je t'ai promis la vérité tout entière, je ne te cache rien... Il nous a priés d'être les interprètes de ses vœux auprès de ton père et de ta mère...

— Vous voyez donc bien ! — s'écria Marianne en sanglotant ; — il n'y a plus d'espoir ! il aime Aurélie passionnément !

— Laisse-moi achever... j'ai formellement refusé à ton cousin de m'occuper de sa demande...

— Vous avez refusé ?

— Oui... et il me maudit sans doute ; il

s'en prend à mon esprit acerbe, à la sécheresse, à la dureté de mon cœur de vieille fille... et cependant l'intérêt seul de ton cousin et le tien ont dicté mon refus.

— Mon intérêt... et celui de Fortuné?

— Certainement... car d'abord je te soupçonnais d'aimer ton cousin... puis, selon moi, Aurélie n'est point la femme qui lui convient.

— Quoi! ma tante, malgré sa beauté?

— A cause de sa beauté...

— Je ne vous comprends pas, ma tante...

— Je ne saurais maintenant m'expliquer là-dessus... mais, il ne faut point te désespérer.

Le bruit d'une voiture entrant sous la porte cochère interrompit la tante Prudence; elle regarda la pendule et dit :

— Ta sœur rentre déjà du bal, et il n'est pas encore minuit? c'est singulier!

— Je croyais qu'Aurélie ne serait de retour, comme d'habitude, qu'à deux ou trois heures du matin; son chocolat n'est peut-être pas prêt... Mon Dieu, maman va me gronder, — dit Marianne ; puis avec amertume, elle ajouta : — je ne suis pourtant pas la servante de ma sœur !

Ces mots frappèrent la tante Prudence. Sa nièce, pour la première fois, regardait comme une sorte d'humiliante servitude, ces soins qu'elle avait jusqu'alors rendus à sa sœur, non-seulement sans se plaindre, mais avec un tendre empressement.

— Allons, mon enfant, sois selon ta coutume soumise envers ta mère, complaisante pour ta sœur, — reprit la tante Prudence ; — l'on ne pèche jamais par excès de soumission et de bonté. Demain nous reparlerons de ce qui t'intéresse. Courage !.... espère !.... ou plutôt.... ne désespère pas !

— Ah ! ma tante... je le pressens... mon sort sera le vôtre... je resterai fille... avec mon triste amour au cœur... — Et se levant, les yeux pleins de larmes, elle ajouta : — Bonsoir, ma tante !

— Bonsoir, mon enfant. Mais, encore une fois, je t'en conjure, ne perds confiance, ni en moi, ni en toi... Embrasse-moi... Tu diras à ta mère que je suis couchée :

j'ai besoin d'être seule, afin de réfléchir à loisir.

Marianne quitta la vieille fille afin d'aller au-devant d'Aurélie et de l'aider à quitter sa parure de fête.

XIV

Les deux sœurs occupaient la même chambre confortablement et élégamment meublée. Deux lits jumeaux se partageaient le fond d'une vaste alcôve. Madame Jouffroy, ayant, selon sa coutume, embrassé ses filles avant leur coucher, s'était retirée. Aurélie, assise au coin du feu dans un fauteuil, venait de revêtir un peignoir, après avoir, avec l'aide de Marianne, quitté sa robe de bal et ôté les ornements de sa coiffure. Emiettant machinalement sa brioche dans un bol rempli de chocolat, la jeune fille semblait pensive et restait silenciense. Habituellement au contraire, à son retour du bal, elle donnait à sa sœur de nombreux détails sur la soirée, récit toujours écouté, souvent même sollicité par Marianne avec une curiosité naïve. Mais, ce soir-là, Marianne, silencieuse aussi, ne provoquait pas les confidences d'Aurélie qu'elle contemplait avec un triste accablement, la trouvant en déshabillé plus belle encore peut-être que parée des atours de la toilette. En effet, ainsi vêtue d'un peignoir blanc, et seulement coiffée de ses magnifiques cheveux dont l'une des tresses dénouées tombait sur son épaule nue, Aurélie était non moins séduisante qu'en robe de bal.

— Ah! — pensait Marianne, — comment n'ai-je pas deviné que Fortuné, si artiste, si passionnément admirateur de ce qui est beau, devait aimer ma sœur!.. Mon Dieu qu'elle est belle! — ajoutait Marianne avec un ressentiment douloureux et jaloux qu'elle éprouvait pour la première fois; — qu'elle est donc belle!

Aurélie, après avoir pris sans appétit quelques cuillerées de chocolat, dit avec sa désinvolture d'enfant gâté, en s'adressant à Marianne et lui présentant la tasse de porcelaine :

— Petite sœur, je n'ai pas faim ce soir...

En toute autre circonstance Marianne, selon son habitude, se fût empressée d'épargner à l'indolente la peine de se lever pour aller placer le bol sur un guéridon ; mais, en proie à ses amères réflexions, Marianne ne bougea point, se répétant qu'après tout elle n'était pas la servante de sa sœur. Celle-ci, accoutumée aux prévenances et croyant n'avoir pas été entendue, répéta :

— Petite sœur... à quoi penses-tu donc ? Tiens... voilà ma tasse.

La force de l'habitude, l'embarras d'expliquer à sa sœur pourquoi elle lui refusait, ce soir-là, les petits services qu'elle lui rendait ordinairement, obligèrent Marianne de prendre la tasse. Elle la déposa sur un meuble.

Aurélie, de plus en plus pensive, ne remarqua pas l'expression contrainte des traits de sa sœur, et se renversant sur le dossier de son fauteuil, dans une pose remplie de grâce et de nonchaloir, elle se détira, en élevant d'abord ses bras au-dessus de sa tête, puis les rabaissant languissamment, et, cachant pendant un moment ses yeux sous ses deux mains, elle tendit à sa sœur son pied charmant, chaussé de satin blanc, en disant d'une voix caressante :

— Bonne petite Marianne, puisque tu es, selon ton habitude, en train de me gâter, gâte-moi tout à fait... dénoue les cothurnes de mes souliers... et donne-moi mes pantoufles. Je ne sais ce que j'éprouve... je me sens lasse... mais lasse... à ne pouvoir remuer, quoique je n'aie dansé que deux contredanses.

Marianne d'abord se révolta contre ce nouvel acte de *servilité*, mais cédant encore à l'habitude, et aussi à la douce câlinerie de l'accent d'Aurélie, la *révoltée* agenouillée sur le tapis, commença de dénouer les cothurnes des petits souliers de satin blanc dont était chaussée sa sœur. Une comparaison cruelle qui n'était jamais venue à l'esprit de Marianne lui serra douloureusement le cœur... Elle avait eu la jambe cassée au-dessus de la cheville, et le membre restait difforme, raccourci, la fracture ayant été *mal réduite* selon les termes de l'art. Aussi, lorsque Marianne agenouillée tint dans sa main, — car il y tenait tout entier, — le petit pied de sa sœur, si élégamment attaché à sa jambe charmante, découverte par un pli du peignoir; la pauvre boîteuse eut plus que jamais conscience de son infirmité. Les larmes lui vinrent aux yeux, mais elle les contint, et, après avoir placé devant sa sœur ses pantoufles, elle lui dit, étouffant un soupir :

— Tu n'as plus besoin de moi, je vais me coucher... j'ai grand sommeil.

— Te coucher?... Est-ce que tu ne seras pas assez gentille pour me délacer comme à l'ordinaire? — reprit Aurélie avec surprise. — Et puis, avant de nous coucher, n'ai-je pas à te raconter ma soirée?.. Oh!.. j'en aurai long à te dire, chère petite sœur!.. — ajouta la jeune fille d'un air rêveur. — C'est pour cela, je crois, que je tarde autant à commencer mon récit.

— Parce que tu as beaucoup de choses à me raconter?

— Oui... — répondit Aurélie toujours pensive; puis, après un moment de silence, elle reprit avec un affectueux enjouement: — On a une sœur... bonne... oh mais! bonne et gentille au-delà de tout ce qu'on peut imaginer; elle vous gâte... à vous rendre honteuse, si ce n'était pas si doux de se laisser gâter par elle... Or, cette chère petite sœur n'est-elle pas votre confidente obligée?.. peut-on... doit-on lui cacher quelque chose?.. —Puis elle ajouta tendrement: — Viens là, près de moi... et causons.

Ce disant, Aurélie passa familièrement son bras autour du cou de sa sœur qui s'assit près d'elle, et la baisa au front. Cette caresse, l'affectueux accent des dernières paroles d'Aurélie, exercèrent un charme irrésistible sur Marianne, malgré son irritation et sa jalousie secrète.

— Hélas! la douleur m'aveugle... me rend injuste et méchante, — pensait-elle. — Est-ce donc la faute d'Aurélie, si Fortuné est amoureux d'elle?... Pauvre sœur!.. elle est la cause involontaire de mes chagrins: je ne dois pas l'accuser du mal qu'elle me fait involontairement...

Et l'excellente créature, tâchant de sourire, se serrant plus étroitement contre Aurélie, qui appuyait toujours l'un de ses bras sur son épaule, lui dit :

— Voyons ! raconte-moi ta soirée... Tu ne t'amusais donc pas beaucoup ?

— Pourquoi cela ?

— Il était à peine minuit lorsque vous êtes rentrés.

— Il est vrai, — répondit Aurélie en étouffant un soupir ; — c'est la première fois que je reviens du bal presque triste, et que je l'ai quitté en son plus beau moment.

— Et pour quelle raison es-tu revenue de si bonne heure ?

— Ah ! petite sœur...

— Hé bien ?..

— J'ai grand peur... que le dépit m'ait ramenée ici...

— Et, à propos de quoi ce dépit ?

— Ce que j'ai à t'avouer, est peut-être si ridicule, — poursuivit Aurélie en hésitant et rougissant, — que sans doute tu te moqueras de moi...

— Je n'ai guère l'esprit tourné à la raillerie, — répondit Marianne en secouant mélancoliquement la tête. — Parle en toute confiance.

— Madame Richardet nous avait, tu le sais, annoncé... une surprise?...

— Oui... des lampions et des gardes municipaux, comme aux grands bals du faubourg Saint-Germain ; telle devait être cette surprise, selon notre cousin Roussel.

— Le faubourg Saint-Germain y était bien en effet pour quelque chose.

— Comment cela?

— Un pair de France et son neveu... l'oncle est marquis, — le neveu est comte... — assistaient à ce bal...

— De pareils personnages chez les Richardet!

— N'était-ce pas une véritable surprise, et des plus agréables? car je te l'avouerai, petite sœur, il est impossible de rencontrer quelqu'un de plus charmant, de plus aimable, que le neveu du marquis... et...

Aurélie s'interrompit, craignant d'en

avoir trop dit; elle devint pourpre, appuya son front sur l'épaule de Marianne, et garda pendant quelques instants un silence embarrassé.

La jeune fille baisant à son tour Aurélie au front, lui dit tendrement :

— Quoi !... tu hésites à continuer ton récit ?... N'as-tu donc plus confiance en moi ?

— Peux-tu le croire ? D'ailleurs, je n'ai pas à rougir de ce qui me reste à t'apprendre, — et Aurélie relevant la tête, reprit d'une voix plus assurée : — Ce pair de France et son neveu assistaient donc au bal des Richardet... L'oncle se nomme M. le marquis de Villetaneuse, et son neveu, M. le comte de Villetaneuse. Ce sont, dit-on, des personnages du plus grand monde, et très bien à la cour... j'ai eu l'honneur insigne de danser avec l'un de ces hauts et puissants seigneurs ! — ajouta Aurélie en souriant. — Oui, j'ai dansé avec M. le comte de Villetaneuse, et bien plus... il n'a fait danser que moi... au grand dépit des autres danseuses..... Enfin, comme il ne faut rien cacher à sa sœur... Je t'avouerai ma scélératesse... je n'ai pas été absolument désolée de donner ce crève-cœur aux autres invitées des Richardet !

— Oh ! fi !.. la méchante !..

— Hélas !... petite sœur ... j'ai fait pis encore...

— Quoi donc ?...

— Après ma première contredanse avec M. de Villetaneuse... plusieurs jeunes gens de la société de M. Richardet sont venus m'engager, et j'ai eu la férocité de les refuser...

— Ah !.. Aurélie !..

— J'ai eu tort, n'est-ce pas, Marianne ?

— J'ignore les coutumes du bal... mais ce refus était ce me semble impoli...

— C'est vrai... et maintenant je regrette d'avoir agi ainsi... Mais si tu savais combien, en ce moment-là, ces pauvres jeunes gens me paraissaient gauches, empruntés, auprès du comte de Villetaneuse !

— Qu'a-t-il donc en lui de si extraordinaire ?

— Il a d'abord une figure charmante, une tournure des plus élégantes, et puis une voix si douce, des manières si distinguées, une façon si aimable, si spirituelle, d'exprimer les moindres choses : ses compliments, — car il m'a fait des compliments... et beaucoup !.. — n'ont rien d'embarrassant... Enfin, que te dirai-je ?.. il n'y a aucune comparaison possible entre lui et les personnes que nous connaissons... Combien je suis fâchée que tu ne l'aies pas vu, petite sœur ! tu comprendrais alors... mon admiration... que dis-je ? tu partagerais mon fanatisme pour le comte de Villetaneuse, — ajouta Aurélie en souriant, et sentant, sans savoir pourquoi, le besoin d'exagérer l'impression que lui avait causée le neveu du pair de France.

— Te voilà donc admiratrice fanatique de ce M. de Villetaneuse, pour avoir dansé une contredanse et causé avec lui pendant dix minutes ? C'est, tu l'avoueras... ma chère Aurélie... se fanatiser à bon marché !

— Oh ! mais je n'ai pas tout dit.

— Quoi donc encore?

— Environ un quart d'heure après que M. de Villetaneuse m'a eu fait danser, son oncle, le marquis, s'est approché de moi et de maman auprès de qui j'étais assise ; il a été pour nous aux petits soins et d'une amabilité extrême.

— Tu es peut-être autant fanatique de l'oncle que du neveu?

— Cela se pourrait bien, car je n'ai de ma vie rencontré de vieillard plus gai, plus spirituel. Je me figure que ce que l'on appelle : les gens de l'ancienne cour, devaient avoir ces manières à la fois polies et distinguées. — Maman raffole de lui... il lui a dit qu'elle ressemblait à s'y méprendre à je ne sais plus quelle duchesse...

— C'est donc pour cela qu'en rentrant ce soir mon père appelait toujours, en riant, maman : *Madame la duchesse Mimi?*

— Certainement!.. juge si maman était flattée! Et chose singulière... il paraît que je ressemble aussi, mais en beaucoup mieux (c'est M. le marquis, et non pas moi qui dit cela)... c'est que je ressemble fort à une jeune comtesse l'une des femmes les plus à la mode de Paris.... « Enfin, » nous disait M. le marquis avec son air de grand seigneur, — « enfin, mesdames, « maintenant que je suis là près de vous « deux, et que je ne regarde point sur« tout autour de moi... mon illusion est « complète, et grâce à votre aimable « présence ici, je me crois au faubourg « Saint-Germain. »

— Entre nous, les compliments que vous adressait M. le marquis étaient assez désobligeants pour les autres personnes de la société de M. Richardet!

— C'est pourtant vrai, petite sœur, — reprit naïvement Aurélie; — cela signifiait que maman et moi avions seules une tournure distinguée. Vois donc comme les éloges vous tournent facilement la tête!... Cette réflexion-là ne m'était pas venue; j'étais toute heureuse de ressembler à cette jeune comtesse si fort à la mode, et maman me disait toute glorieuse : « — As« tu entendu M. le marquis? nous avons « l'air de dames du faubourg Saint-Ger« main! est-ce flatteur pour nous! » Enfin, papa lui-même ne se possédait pas de joie, et lorsque le marquis nous eut quittées (il n'avait parlé qu'à nous), papa est accouru nous dire en se frottant les mains :

— Vous ne savez pas, on est furieux dans le bal, j'entends répéter de tous côtés : « En vérité, c'est inconcevable ! le mar-« quis ne parle absolument qu'à madame « et qu'à mademoiselle Jouffroy, le comte « n'a dansé qu'avec celle-ci ! Il n'y en a « que pour elles ! Il paraît que les autres « personnes ne sont pas dignes d'attirer « l'attention de ces hauts et puissants sei-« gneurs ! » — Et papa répétait en se frottant les mains : C'est délicieux ! tout le monde est furieux contre vous deux ; on vous lance des regards foudroyants.

— Alors, chère sœur, je ne comprends pas que le dépit, comme tu le disais tout à l'heure, t'ait fait quitter le bal. Puisque maman et toi vous excitiez tant d'envie, vous auriez dû, ce me semble, prolonger la durée de votre triomphe.

L'accent d'Aurélie, lorsqu'elle eut surmonté son premier embarras au sujet de ses confidences, était devenu libre et enjoué; mais, en ce moment, la jeune fille rougit de nouveau, sa figure s'attrista, un sourire presque amer effleura ses lèvres, elle étouffa un soupir et reprit :

— Je vais, petite sœur, te raconter ce qui est arrivé. M. le comte de Villetaneuse m'avait invitée à une seconde contredanse. Il se montra plus aimable encore que pendant la première. Venu par hasard chez les Richardet, il n'espérait malheureusement pas me rencontrer ailleurs... Il nous trouvait, maman et moi, déplacées dans cette société peu digne de nous... Enfin, tout cela était si gracieusement exprimé, avec un accent... un regard... tiens, petite sœur, je n'ai vu à personne ce regard-là... de grands yeux noirs... à la fois si hardis et si doux !...

Aurélie, rêveuse, s'interrompit un moment et reprit bientôt :

— Marianne, est-ce que je t'ai dit qu'il était brun ?

— Non, ma sœur.

— Hé bien ! il est brun ; ses cheveux, d'un noir de jais, bouclent naturellement ; il est un peu pâle... c'est si distingué la pâleur !... et puis, il a des dents comme des perles... et un sourire... tu ne peux imaginer un plus ravissant sourire !

Aurélie, pensive, s'interrompit encore, puis elle ajouta en étouffant un soupir :

— M. de Villetaneuse, après m'avoir fait danser une seconde fois, venait de me reconduire à ma place, lorsque... — mais, rougissant de dépit à ce souvenir, la jeune fille ajouta, avec une expression de dédain et de sourde irritation : — Tu connais cette petite effrontée de madame Bayeul ? qui a toujours des toilettes si extravagantes, et dont le mari est un ancien usurier, nous a dit mon père ?

— Je n'ai jamais vu madame Bayeul...

— C'est vrai, chère Marianne, tu ne viens jamais avec nous dans le monde... Hé bien ! figure-toi une petite femme qui, en vérité je ne sais pourquoi, passe pour être assez jolie, car elle n'a pour elle que sa mine effrontée, ses yeux hardis, et ses cheveux presque roux, qu'elle porte en anglaises d'une longueur ridicule ; du reste, toujours décolletée d'une manière indécente, sous prétexte qu'elle a une très belle peau, ce qui n'aurait rien d'extraordinaire puisqu'elle est rousse. Enfin, voilà la femme. Elle avait voulu sans doute arriver, ce soir, tard au bal, afin d'y produire plus d'effet ! Elle entre donc suivie de son mari (je ne comprends pas non plus comment M. Richardet reçoit chez lui un usurier), et sitôt qu'elle aperçoit M. de Villetaneuse qui me reconduisait à ma place, cette madame Bayeul, — c'est, en vérité, l'effronterie en personne !... — se pend au bras de M. de Villetaneuse, en s'écriant, afin d'être entendue de tout le monde : « — Mon cher comte ! » — Son cher comte ! — reprit Aurélie avec indignation ; — a-t-on l'idée d'une pareille familiarité ! « — Mon cher « comte, vous ne connaissez personne ici ; « je m'empare de vous pour toute la soi- « rée ;... je ne vous quitte pas. » — Dis, Marianne, est-ce assez d'impudence !

— La conduite de cette dame me semble, ainsi qu'à toi, peu convenable.

— Ah ! petite sœur, — reprit tristement Aurélie, dont le limpide et beau regard se voilait encore d'une larme à ce souvenir,

— j'ai été punie de mon triomphe d'un moment ; ces personnes d'abord si contrariées de voir le comte et son oncle uniquement occupés de maman et de moi, commencèrent à chuchotter, à sourire d'un air méchant, en voyant cette effrontée madame Bayeul accrochée au bras de M. de Villetaneuse. Les jeunes gens que j'avais refusés ricanaient aussi... les larmes me sont venues aux yeux. Heureusement maman causait en ce moment-là avec madame Richardet, et n'a pas remarqué ma vive contrariété... Enfin, prétextant d'une migraine, j'ai désiré quitter le bal... J'avais le cœur si gros, que j'ai été sur le point de pleurer devant tout le monde... Voilà pourquoi, petite sœur, nous sommes revenus avant minuit. Avoue qu'il est fâcheux de voir finir si mal, une soirée si heureusement commencée !

— Sans doute... mais enfin tu oublieras cette fâcheuse fin de soirée, puisque tu ne dois plus revoir ce M. de Villetaneuse, qui se trouvait par hasard, t'a-t-il dit, chez les Richardet...

— Non, je ne le reverrai plus... c'est presque certain... — reprit tristement Aurélie. — Je ne le reverrai plus... c'est dommage... il était si aimable!... il ressemble si peu aux jeunes gens de notre société!...

— Allons, chère sœur, ton fanatisme t'égare... Il ne peut y avoir entre ce monsieur et les autres une différence marquée...

— Cette différence existe pourtant, je t'assure ; non, il n'y a aucune comparaison possible entre le comte de Villetaneuse et les jeunes gens de notre société habituelle...

— Et puis... voyons, avoue cela à ta petite Marianne : ce Monsieur est comte... son oncle est marquis. Je gagerais moi qu'en raison de leur titre, ils t'ont paru plus aimables encore?..

— Peut-être bien... un titre est toujours un titre.

— Quel avantage cela vous donne-t-il d'avoir un titre?

— Quels avantages?.. mais de très grands...

— Comment cela, Aurélie?

— Lorsque nous étions en pension et que nous venions passer à la maison quelques jours de congé, nous restions souvent avec maman au comptoir. Hé bien! s'il se présentait à la fois dans le magasin une cliente bourgeoise ou une cliente titrée, aussitôt maman et les commis s'empressaient de répondre d'abord à madame la marquise ou à madame la duchesse... Tu as vu cela cent fois comme moi... Est-ce vrai?

— C'est vrai...

— Alors, petite sœur, conviens qu'il est toujours très agréable pour l'amour-propre de se voir l'objet de tant d'empressement, seulement parce que l'on est comtesse, marquise ou duchesse?

— Soit!... mais enfin, lorsque l'on n'est ni marquise, ni duchesse, n'est-il pas sage de se contenter de son sort... surtout lorsqu'il est aussi heureux que le nôtre...

— Tu as raison, petite sœur — reprit Aurélie en souriant d'un air contraint, après un moment de silence, — notre société bourgeoise en vaut bien une autre. Quoique nous ne soyons ni comtesses, ni marquises, nous ne nous en amusons pas moins, nos contredanses ne chômeront pas, faute de comtes et de marquis... Je ne reverrai jamais M. de Villetaneuse, n'y pensons plus... Seulement cette vilaine petite madame Bayeul peut se vanter de m'avoir fait passer, comme on dit : un mauvais quart d'heure !... Et là-dessus, petite sœur, délace-moi... couchons-nous : il est tard...

Marianne délaça Aurélie avec sa complaisance habituelle et bientôt les deux sœurs se mirent au lit.

XV

Marianne et Aurélie causaient habituellement assez longtemps avant de s'endormir ; il n'en fut pas de même ce soir là : elles éprouvaient le besoin de s'isoler dans le silence de leurs pensées.

Aurélie, en racontant à sa sœur les divers incidents du bal, venait de céder à une douce habitude, et au besoin de s'entretenir d'un événement qu'elle pressentait vaguement, sans oser se l'avouer à elle-même, devoir faire époque dans sa vie ; M. de Villetaneuse avait produit sur elle une profonde impression, non moins par la distinction de ses manières, par le charme de sa figure, par la grâce de son esprit, que par sa *qualité*. Aurélie, jusqu'alors admirée adulée, sans doute, mais seulement par des gens de sa société, éprouvait une sorte de ravissement en songeant que des gens du *grand monde*, affirmaient qu'elle et sa mère ressemblaient à s'y méprendre à de nobles dames du faubourg Saint-Germain, égarées au milieu d'un bal bourgeois ! Flatterie irrésistible pour la jeune fille, car malgré l'excellence de son naturel, elle se laissait parfois entraîner à de vaniteuses espérances ; ne serait-elle pas duchesse ou princesse, si les titres se mesuraient à la beauté, — lui répétait incessamment madame Jouffroy,

Ce fol orgueil maternel ne semblait-il pas justifié par les éloges dont, ce soir-là, M. de Villetaneuse avait accablé Aurélie ? Et cependant, malgré ces éloges, elle se demandait avec angoisse quelles seraient les conséquences de sa rencontre avec le comte? Elle ne le reverrait sans doute jamais, et déjà troublée, inquiète, elle se sentait incapable de l'oublier.

— Mon Dieu, — se disait-elle, — je l'ai vu ce soir pour la première fois... et pourtant... si je venais malgré moi à l'aimer?... Ah! cet amour causerait le malheur de ma vie!...

Aurélie, élevée dans une ferme croyance à la distinction aristocratique des classes, préjugé beaucoup plus répandu, beaucoup plus tenace, beaucoup plus influent sur la bourgeoisie qu'on ne le suppose (1), Aurélie regardait sincèrement comme une alliance exorbitante, impossible, le mariage d'une petite bourgeoise de sa sorte, avec un personnage de la qualité de M. le comte de Villetaneuse, neveu d'un pair de France, quoique celui-ci

(1) Entre mille preuves à l'appui de ce que nous avançons, citons un fait : peu de temps après la Révolution de Février, un commerçant, très respectable et très *libéral*, se plaignait amèrement à nous de l'un de ses nobles clients, fort riche d'ailleurs, qui avait répondu à une demande de paiement : — « Mon cher « monsieur ***, vous avez laissé faire la révolution de « Février, arrangez-vous, je n'ai pas d'argent. » Il avait plus de cinquante mille écus de rentes).

— Eh bien! — lui dis-je, — faites-le assigner chez le juge de paix.

— Ah Monsieur! Monsieur! Faire assigner M. le duc!!!

l'eût assuré qu'elle ressemblait fort à une comtesse du faubourg Saint-Germain.

— Si l'impression de ce soir... loin de s'effacer... devient de jour en jour plus profonde, — se demandait Aurélie avec angoisse, — je serai donc malheureuse toute ma vie !

Malgré ces navrantes pensées, la jeune fille céda peu à peu au sommeil ; mais le souvenir de M. de Villetaneuse la poursuivit jusques dans ses rêves.

Marianne, avant de s'endormir, fut absorbée par cette seule pensée :

« — Sa sœur dissimulait à peine son
« vif et naissant penchant pour M. de
« Villetaneuse ; peut-être refuserait-elle
« d'épouser Fortuné Sauval.

XVI

Nous devons pour l'intelligence de ce récit approfondir le caractère d'Henri de Villetaneuse et celui de son oncle.

Ce dernier, *Gaston Mortain*, MARQUIS DE VILLETANEUSE, pair de France, grand officier de la Légion-d'Honneur, etc., etc., appartenait à une ancienne famille du Dauphiné. Député de la noblesse aux états-généraux en 1789, il fut du petit nombre des membres de l'aristocratie qui, dans la célèbre discussion de la séparation des trois ordres, se rangèrent du côté de Mirabeau et se confondirent avec le *tiers-état*. La plupart des nobles collègues de M. de Villetaneuse, sincèrement résolus de renoncer à l'iniquité de leurs privilèges, obéissaient à un sentiment patriotique; il n'en fut pas ainsi du marquis: profondément égoïste, doué surtout d'une rare et, pour ainsi dire, instinctive prévision des grands évènements, il jouissait de ce don, particulier à certains animaux immondes, de pressentir la ruine de l'édifice où ils nichent, et de pouvoir ainsi quitter, toujours à temps, une demeure pour une autre. Servi par ses instincts, prévoyant la ruine de la monarchie, M. de Villetaneuse prit parti pour le tiers-état; puis, lorsque la force des choses et les terribles complications extérieures mirent de fait le pouvoir entre les mains patriotiques des jacobins, M. de Villetaneuse passa aux jacobins, lutta de civisme avec le fameux *marquis de Saint-Hurugues*, devint le CITOYEN MORTAIN, et siégea parmi les montagnards de la Convention. Mais, après le meurtre de l'incorruptible Robespierre, le citoyen Mortain devint, comme le citoyen Barras, un enragé thermidorien. Sous le Directoire, l'ex-marquis reprit le nom de Villetaneuse. L'un des premiers, il flaira la prodigieuse fortune du général Bonaparte, se rapprocha de son entourage, poussa au 18 brumaire, fut sous le Consulat l'un des sénateurs de la constitution Sieyès, et, sous l'Empire, sénateur encore et chambellan par surcroît. Plus que jamais *Marquis*, il augmentait le nombre de ces *ralliés* que Bonaparte aimait à compter parmi les appuis de son trône. Le sénateur-chambellan resta près de ce trône jusqu'au moment où il pressentit sa chute, — chute dont la désaffection publique, la guerre d'Espagne et la guerre de Russie furent les symptômes assurés aux yeux de M. de Villetaneuse. — Alors il se hâta de se mettre en rapport avec les Bourbons. Son entre-gent, sa position à la cour impériale, ses nombreuses relations, son esprit (il en avait beaucoup), faisaient de lui une sorte de personnage dont les ouvertures n'étaient point à dédaigner. Il correspondit dès lors fréquemment avec les princes exilés; il les renseigna et surtout leur donna des espérances bientôt réalisées par les désastres de 1813 et 1814. Devançant de peu la ruine de l'Empire, il courut mettre son royalisme aux pieds de son maître légitime et roi bien-aimé; en retour de quoi le marquis fut gratifié de la pairie, d'une place de gentilhomme de la Chambre, et d'une pension sur la cassette royale. La réapparition de Bonaparte, lors de son évasion de l'île d'Elbe, surprit M. de Villetaneuse, sans lui laisser la moindre illusion; il appréciait avec un sens très juste l'état des esprits en France, certain du prochain rappel de ses maîtres, son dévoûment héroïque le conduisit à Gand, d'où il revint avec eux triomphant après Waterloo. L'un des plus fougueux ultras de la Chambre des pairs jusque vers 1828, le marquis commença dès cette époque à pressentir la fatale destinée de la branche aînée. Ces douloureuses prévisions altérant probablement la santé de ce fidèle royaliste, il se fit ordonner par son médecin un voyage dans le midi de la France; et, lorsqu'il en revint peu de temps avant la révolution de 1830, la vue de son roi, conduit à sa perte par de maudits courtisans, fut si poignante pour M. de

Villetaneuse, qu'il s'imposa comme un devoir de ne plus paraître à la cour; mais, afin de distraire son chagrin, il rendit de nombreuses visites à M. le duc d'Orléans. La révolution de 1830 éclata comme la foudre; M. de Villetaneuse alla cacher dans la retraite les pieuses larmes que lui arrachaient l'exil de son pauvre vieux roi, et ne consentit à revenir à Paris que pour être compris parmi les membres de la nouvelle pairie. Trouvant toutefois cette pairie quelque peu creuse, il parvint à la faire substanter d'une dotation de douze mille francs.

Le patrimoine que possédait le marquis de Villetaneuse, avant la révolution de 1789, était assez considérable. N'ayant pas émigré, il conserva ses biens; mais le jeu, la table, la débauche, les dissipèrent promptement. Toujours besoigneux, toujours aux expédients et aux pires expédients, malgré ses gages de sénateur sous le Consulat et sous l'Empire, malgré la dotation de sa pairie, avant et après 1830, il harcelait incessamment, effrontément ses maîtres successifs, et leur arrachait de temps à autre quelque argent. Se montrant d'ailleurs, en mendiant émérite, de très facile composition à l'endroit du chiffre de l'aumône, il eût accepté cinq cents francs, et moins encore, pénétré de ce principe, — « que la honte consiste à s'en « aller la main vide, après l'avoir tendue, « et que, si minime que soit la somme oc- « troyée, l'on n'est jamais embarrassé de « son emploi. » Le gouvernement de Juillet, plus économe ou plus surveillé que les précédents, ne put accorder aux obsessions éhontées du marquis qu'une pension de mille écus sur les fonds secrets. Cela, joint aux douze mille francs de dotation de sa pairie, lui assurait un revenu suffisant pour vivre honorablement; mais ce vieillard conservait les goûts pervers et dispendieux de sa jeunesse et de son âge mûr. Seule, son inviolabilité de pair de France l'avait souvent sauvé des rigueurs de la contrainte par corps, mais à la longue, cette inviolabilité même devait tarir une source d'emprunts dont aucune garantie n'assurait le paiement, le marquis se voyait souvent réduit à une gêne extrême.

Homme du monde d'ailleurs, et du meilleur monde; sceptique, effronté, méprisant profondément l'espèce humaine, sans s'excepter soi-même de ce dédain; hautain et railleur, lorsqu'il ne s'applatissait pas dans la dernière bassesse; le plus rampant des adulateurs, à moins qu'il ne se dressât le plus insolent des ingrats, — il était digne de formuler cette maxime, généralement pratiquée par les courtisans de tous les régimes passés, présents et futurs.

« — Tant que nos maîtres sont debout, il « nous faut respectueusement leur offrir le bas- « sin... et les en coiffer, le jour de leur chûte. »

Henri de Villetaneuse, fils du frère puîné du marquis, avait été orphelin dès son enfance; grâce à son héritage maternel, accru pendant sa minorité, il possédait, à vingt et un ans, environ sept cent mille francs; mais, à l'encontre des neveux de comédie qui exploitent la bourse de leur oncle, Henri de Villetaneuse fut indignement exploité par son oncle. Le marquis, sous prétexte de ne pas laisser, dans la moderne Babylone, son neveu sans conseils, sans appui, s'établit chez lui, monta sa maison sur un excellent pied, le mit en rapport avec la jeunesse oisive et dorée de cette époque, profita largement des folles dépenses auxquelles il le poussait, assistant journellement à de joyeux repas de garçons, primant cette jeunesse par sa verve caustique, par le cynisme de sa corruption, jouant l'argent de son neveu, usant des voitures, des chevaux de son neveu, et tentant même, malgré ses soixante ans, de souffler les maîtresses de son neveu.

Henri de Villetaneuse, jeune et naïf, élevé au fond d'une province par un tuteur sévère, subit pendant assez longtemps le ruineux patronage de son oncle qui *le lança dans la vie*, ainsi que disait ce détestable mentor. Cependant, après quelques années d'une existence brillante, corrompue, voyant sa fortune diminuée des deux tiers, révolté de l'égoïsme de son oncle, et fatigué surtout de ses incessantes demandes d'argent, Henri de Villetaneuse, afin de se soustraire aux exigences du vieux marquis, eut recours à un moyen héroïque : il quitta Paris et voyagea. Durant cette pérégrination, il fit connaissance d'un prince d'une famille souveraine d'Allemagne, auquel il plut fort, comme excellent compagnon de table, de chasse et de jeu ; qualités qu'assaisonnaient surtout, le franc parler, le sel, l'entrain, la gaîté de l'esprit français. Ces avantages, rares à rencontrer chez les habitués des petites cours germaniques, ordinairement guindées, froides, monotones ; ces avantages, Henri de Villetaneuse les possédait suprêmement ; ils furent la cause première de ses relations avec le prince Charles Maximilien, relations qui se continuèrent lors des fréquents voyages de l'Altesse à Paris.

Malgré le charme de ses dehors, malgré la séduction de son esprit, la grâce de ses manières l'apparente aménité de son caractère, Henri de Villetaneuse, n'ayant que trop profité des enseignements de son oncle, était, malgré sa jeunesse, déjà perverti, sceptique et usé ; aimant avant tout à satisfaire ses besoins de luxe et de bien-être, joueur effrené, il voyait sa fortune réduite à une terre patrimoniale en Dauphiné, déjà lourdement grevée d'hypothèques, dernière ressource que sa liaison avec Catherine de Morlac devait bientôt complètement dévorer.

Cette liaison, dont l'héroïne avait cinq à six années de plus que M. de Villetaneuse, semblerait peu concevable si l'on ne rencontrait mille exemples de ces passions dépravées, fréquentes chez les gens blasés par une corruption précoce.

Expliquons-nous.

Une courtisanne de trente ans, belle, attrayante encore, rompue au monde, spirituelle, adroite, insinuante, rusée, trouve dans la maturité même de son âge, dans sa pratique de la vie, dans son expérience des hommes, dans les mille souvenirs de son existence diversement incidentée par la nature des choses ; trouve, disons-nous, d'incroyables ressorts de séduction que des femmes beaucoup plus jeunes, beaucoup plus belles, mais beaucoup moins expérimentées, ne sauraient posséder. Calme, patiente, maîtresse d'elle-même, d'un coup-d'œil profond et sûr, elle sait pénétrer le côté faible et *prenable* du caractère de l'homme qu'elle veut subjuguer, mais ne marche à son but que par voies obliques ou souterraines, afin de ne point éveiller les défiances; elle sait surtout animer, mouvementer, égayer l'entretien; en un mot, *tuer le temps*, ainsi que l'on dit vulgairement. Aussi, grâce à ce précieux avantage, lorsque le goût qu'elles ont inspiré d'abord, dégénère en *habitude* de la part de ces gens qui, vieux avant l'âge, n'ont plus de sens, mais veulent surtout, malgré l'indolence de leur esprit : *être amusés* (ainsi que le voulait le grand Roi), ces liaisons prennent sur eux un empire absolu, presque indestructible.

Il en était ainsi de la liaison d'Henri de Villetaneuse et de Catherine de Morlac. Rapproché d'elle par un caprice, puis bientôt séduit par la vivacité de l'esprit de cette adroite courtisanne, par ses prévenances, par le charme insidieux de son caractère, il s'habitua peu à peu à passer toutes ses soirées chez sa maîtresse, et il les passait délicieusement, toujours flatté, adulé, choyé, câliné, mais surtout *amusé* par un esprit rempli de souplesse, de verve, de montant. L'indignité même de sa vie avait mis Catherine en relation avec des hommes de toutes conditions, parfois de la plus haute condition. Aussi, à l'aide de ses souvenirs remplis d'anecdotes souvent piquantes ou honteusement scandaleuses, riches de portraits finement et méchamment tracés, de révélations étranges, la conversation, dont madame de Morlac faisait presque seule les frais, ne languissait jamais; de plus, cette sirène, avec un art infini, tournait toutes ses remémorances du passé en des comparaisons singulièrement flatteuses pour l'amour-propre de M. de Villetaneuse : elle le persuadait qu'à lui seul elle ouvrait ainsi son âme; qu'envers lui seul, de qui l'esprit véritablement supérieur pouvait la comprendre, elle se sentait pour la première fois de sa vie en confiance intime; puis enfin (c'était là le comble de l'astuce,) Catherine, affectant une délicatesse ombrageuse née d'un sentiment aussi profond que désintéressé, parvenait à se faire imposer l'acceptation de tout ce que son insatiable cupidité voulait arracher de

M. de Villetaneuse. Il achevait de se ruiner pour elle, et il se plaignait sans cesse de la fière susceptibilité des refus qu'elle lui opposait, et qu'il lui fallait vaincre à force de tendres instances.

Est-il besoin de dire que madame de Morlac ne témoignait aucune jalousie des écarts amoureux auxquels pouvait se livrer Henri de Villetaneuse. A cet endroit-là, elle se montrait plus que fort tolérante, imitant en ceci la sagacité de mesdames de Maintenon, de Parabère, de Pompadour, Dubarry, et autres de ses pareilles *moralement* parlant, non, Catherine ne jalousait qu'une chose : l'affection, la confiance d'Henri de Villetaneuse, et ses habitudes d'intimité quotidienne.

Singulière quoique très humaine contradiction : ce jeune homme intelligent, ennuyé, blasé, perverti, sceptique, *roué* en un mot, pour employer le terme consacré, ne croit à rien, sinon à l'attachement désintéressé de cette courtisanne, dont la ruse pouvait seule égaler la cupidité ; après avoir usé et abusé de la vie, il ne connaît d'autre plaisir que celui de passer ses soirées et une partie de ses journées auprès d'une femme perdue, qui le flatte adroitement dans son orgueil, et l'amuse de son babil mordant, calomnieux ou obscène. Enfin, cette liaison, ou plutôt cette honteuse habitude, exerce sur lui un irrésistible empire !

Tel était donc, *au vrai*, le comte Henri de Villetaneuse, de qui le souvenir impressionnait si profondément Aurélie Jouffroy.

XVI

Le lendemain du bal de M. Richardet, Henri de Villetaneuse se rendit d'assez bonne heure chez son oncle, le marquis ; celui-ci, afin d'éviter les saisies, demeurait dans un hôtel garni du faubourg Saint-Germain. Il avait un seul domestique, vieux valet de chambre, nommé Lorain, type suranné du Frontin de l'autre siècle. Ce Lorain, dont le marquis payait toujours exactement les gages, selon cet axiôme : « Que, lorsque l'on est exposé aux nom-« breuses visites et poursuites de ses créan-« ciers, il faut toujours s'affectionner son « valet de chambre et le portier de la mai-

« son ; » ce Lorain ouvrit la porte de l'appartement à M. de Villetaneuse.

— Mon oncle est-il levé ?

— Oui, monsieur le comte, — répondit le valet de chambre ; puis il ajouta avec un sourire matois. — Il y a une heure, M. le marquis n'était pas seul... il n'aurait pu recevoir monsieur le comte.

A cette allusion aux mœurs désordonnées de ce vieillard, Henri de Villetaneuse haussa les épaules et entra chez son oncle.

Le marquis avait dépassé de beaucoup la soixantaine. Sec, nerveux, de taille moyenne, encore droit et svelte, il conservait de très belles dents. Ses cheveux, teints en noir, comme ses favoris coupés en croissant, contrastaient avec les rides qui sillonnaient son visage ; son nez aquilin, ses lèvres minces, sardoniques, son regard résolu, son port de tête altier, donnaient à sa physionomie un caractère de rare impertinence, tempéré par d'excellentes manières, car le marquis, malgré ses vices, avait, nous l'avons dit, l'écorce d'un homme du meilleur et du plus grand monde. Ce matin-là, il portait une redingotte de chambre en flanelle grise et des pantalons à pied de même couleur. Il déjeûnait au coin de son feu avec du thé et des œufs frais, servis sur un plateau.

— Hé bien! mon cher, — dit le marquis à son neveu, en lui faisant signe de s'asseoir de l'autre côté de la cheminée, es-tu décidé?

— Parfaitement décidé... à tout subordonner à la volonté de Catherine.

— Ah!... tu appelles cela... prendre une décision...?

— Je n'en saurais prendre d'autre...

— Tu es fou, avec ta Catherine!

— Je ne suppose pas, mon oncle, que vous prétendiez me donner une leçon de morale...

Le marquis haussa les épaules :

— Je prétends te donner une leçon de conduite... et de savoir-faire... En deux mots, résumons-nous. Hier, nous allons à la soirée de ce Richardet, odieuse corvée; mais il me semble que je dois quelques centaines de louis à ce drôle-là; de plus, il se charge de tes affaires, lourde charge! en retour de quoi, ce procureur avait à cœur d'être honoré de notre présence. Peuh!! nous l'en honorons! A peine arrivés dans ce tohu-bohu d'espèces de l'autre monde, nous songions déjà naturellement à nous esquiver, lorsque je vois entrer une véritablement belle, mais fort belle personne, en compagnie d'une manière de tambour-major attifé d'une robe de velours noir, et qui parut, malgré ses cinq pieds six pouces et ses moustaches, être la mère de cette beauté. Je demande au Richardet ce que c'est que ça; il me répond: « C'est la femme et la fille de M. Jouffroy, négociant retiré, qui jouit d'une grande fortune. » Parbleu! me dis-je, illuminé d'une idée subite, il serait fort curieux de rencontrer ici un mariage qui remît à flot mon neveu, qui est fort bas percé! Cette petite est charmante, et si elle est richement dotée, l'on pourrait, au pis aller... *s'embourgeoisailler*. Je te confie mon illumination, en ajoutant: « Tu ne sais que « faire dans cette cohue; amuse-toi donc « à tuer le temps, en tournant la tête de « cette belle fille... Invite-la à danser. » Tu l'invites...

— Par désœuvrement.

— Soit! mais enfin tu t'amuses... à être charmant. J'observais attentivement ta danseuse, toute fière de ton invitation; sa figure s'animait en te parlant, bien plus encore en t'écoutant. Souvent elle rougissait, et son corsage disait ce qu'elle n'osait point dire. Elle ne te quittait pas des yeux, lorsque tu t'éloignais d'elle pour les évolutions de la contredanse. Somme toute, je m'y connais, — ajouta le marquis en prenant sa tabatière et aspirant une prise de tabac, — tu impressionnais beaucoup, mais beaucoup, cette innocente; chose concevable, car je ne voyais là qu'un tas de petits jeunes gens, de véritables polissons. Tu reconduis cette belle fille à sa place, auprès de sa mère, et moi, pour les achever, je m'en vas causer avec elles. Au bout d'un instant je reconnais dans la mère une double sotte et une triple glorieuse... Telle mère... telle fille. Je les gratte donc là où il leur démangeait, leur affirmant qu'elles ont l'air de grandes dames égarées dans cette bourgeoisie. La mère Jouffroy faillit à se pâmer d'aise sous ses moustaches, en me donnant *du M. le marquis* à tour de bras ; sa fille se rengorge et se grandit de six pouces sur sa banquette ; tout allait pour le mieux, lorsqu'une petite diablesse, environ fagottée comme une danseuse de corde, vient se pendre à ton bras...

— C'est la femme d'un certain M. Bayeul agent d'affaires, à qui j'ai eu recours pour quelques emprunts...

A ce mot d'*emprunt*, le marquis dressa l'oreille, et vivement affriandé dit à son neveu :

— Où demeure-t-il ce Bayeul-là ?

— Mon oncle, il serait inutile de vous adresser à lui, il ne prête qu'à bon escient...

— Égoïste !! qui garde ses Bayeuls pour lui tout seul ! Enfin, ingrat que tu es, toujours est-il que mademoiselle Jouffroy (je ne la quittais pas des yeux), suffoquée de voir cette drôlesse s'emparer de ton bras, fait un signe à la mère Jouffroy, et toutes deux quittent le bal ayant le bonhomme Jouffroy sur leurs talons..... Après leur départ, je fais causer Richardet, il m'apprend ceci : « — L'ancien bou-« tiquier possède plus de douze cent mille « francs de fortune ; sa femme et lui ont « pour leur fille une idolâtrie qui tourne « au fétichisme ; ils sont capables de faire « pour elle tous les sacrifices imagina-« bles. » Or, cette petite est une enfant gâtée ; elle doit mener la famille par le nez. La mère Jouffroy est aussi bête que vaniteuse ; le mari compte pour zéro ; tu as, j'en suis certain, tourné la tête de cette belle fille ; elle s'affolera à la pensée de devenir comtesse ; la mère gonflera d'orgueil à en crever. On pourrait demander sept à huit cent mille francs de dot, à ces gens là : le bonhomme Jouffroy les donnerait. Ainsi, le cas échéant, tu retirerais de ce mariage-là une quarantaine de bonnes mille livres de rentes... Et tu viens me dire que cette excellente affaire est subordonnée à la volonté de ta diable de Catherine ?

— Il en est ainsi...

— Une femme qui a cinq ou six ans de plus que toi... une femme qui...

— Mon oncle, brisons là... Vous avez

l'expérience des hommes ; vous le savez, l'amour, ou si vous l'aimez mieux le goût, l'habitude, ne se discutent pas, ne se raisonnent pas : cela est... parce que cela est...

— Mais qu'a-t-elle donc cette femme pour t'ensorceler?

— Mon Dieu ! mon oncle... l'ensorcellement est fort simple... Elle me plaît... elle m'amuse... J'arrive chez elle à huit heures du soir, je m'étends sur un canapé en fumant mon cigarre, elle s'assied à mes pieds sur un tabouret, elle jase, elle babille, ou bien, si l'envie m'en prend, elle se met à son piano et me chante mes airs de prédilection. Je me laisse charmer... sans faire aucun frais... minuit arrive... et je ne me suis pas seulement aperçu de la durée du temps... Vous croyez que ce n'est rien que cela? moi je dis que c'est tout... pour moi du moins...

— Enfant que tu es !.. car d'honneur, tu as la rouerie d'un Lauzun, et la judiciaire d'un écolier !.. Est-ce que ce mariage t'obligerait de rompre avec Catherine?

— Non ; mais ce mariage me gênerait

considérablement. Du reste, là n'est point la question ; il m'offrirait d'un autre côté, je l'avoue, des avantages positifs, qui balanceraient certains inconvénients : tout dépend de l'assentiment de Catherine. Quant à moi, la chose m'est au fond à peu près indifférente.

— Indifférente !... il s'agit de quarante mille livres de rente, lorsque tu touches à ta ruine !

— Peu m'importe !.. il me reste une ressource...

— Laquelle ?

— Le prince Maximilien m'a vingt fois proposé d'être son premier écuyer... L'on ne vit pas trop mal dans ces petites cours d'Allemagne... Catherine me suivrait et je n'aurais rien à regretter...

— Elle, te suivre ?.. compte là-dessus !

— Elle me suivrait, vous dis-je... Or, vous le voyez, mon oncle, je n'ai point à m'inquiéter de l'avenir.

— Quoi ! au lieu d'aller t'enterrer en Allemagne pour y être aux ordres de ton prince, car ces fonctions de premier écuyer sont toujours une sorte de domesticité ; tu ne préfères pas rester à Paris, et y jouir d'une quarantaine de mille livres de rentes?

— Je préférerais ceci, à la condition que Catherine le préférât... Elle aime beaucoup Paris, et ne m'a pas caché, lorsque je lui parlais de l'éventualité de notre résidence en Allemagne, qu'elle se résignerait à tout, plutôt que de se séparer de moi... mais que rien ne remplacerait pour elle le séjour de Paris.

— Eh bien! alors?... laisse-moi donner suite à ces projets de mariage... je me fais fort de mener la chose à bien...

— Je vous le répète, mon oncle, je ne peux rien décider avant que d'avoir le consentement de Catherine...

— Non! — s'écria impatiemment le marquis, — non!... un jouvenceau, amoureux fou de sa première maîtresse, ne serait pas plus piteusement faible et nigaud que ce garçon, qui pourtant, plus que personne, a usé de la vie!

— Hé justement, mon cher oncle! c'est parce que j'ai beaucoup usé de la vie, que cette liaison m'est si chère; je suis las, elle me repose;... je suis ennuyé, elle m'amuse;... tout me semble fade, et en elle je trouve du montant, du piquant;... je suis par nature indolent, et je n'ai qu'à me laisser charmer... Comment diable voulez-vous que je ne préfère pas cette liaison à toute chose? Tenez... cette mademoiselle Jouffroy est d'une beauté accomplie, remarquable; elle a une taille de déesse, une fraîcheur d'Hébé, des yeux ravissants... et hier soir, en m'amusant comme vous le disiez à lui tourner la tête, je finissais par prendre un certain plaisir à voir cette ingénue rougir, s'embarrasser, trembler, sourire;... en un mot tout cela était quelque chose de délicieux à contempler.

— Hé bien?...

— Hé bien!... à toutes les ingénues si délicieuses qu'elles soient, je préfère cent fois Catherine, avec ses trente ans passés...

— Cela tourne à la monomanie!..

— Je l'espère, cher oncle... Rien de plus heureux que les gens à idée fixe...

rien ne peut les distraire de leur bonheur.

— Après tout... pourquoi m'étonner? Est-ce que je n'ai pas été témoin, sous la Restauration, de l'insanité de ce pauvre duc de Mérinville, jeune, charmant, et affolé pendant dix années durant, d'une horrible sauterelle de l'Opéra qui n'avait que la peau sur les os, et qui aurait pu, Dieu me damne! être sa grand'mère!

— Vous voyez donc bien, cher oncle: il y a des *précédents*, comme disent les gens de loi.

— Manquer une si belle occasion de te remettre à flot... et moi aussi! — ajouta mentalement le marquis, et il reprit tout haut: — Nous aurions battu le fer pendant qu'il était chaud, je serais allé aujourd'hui, en ma qualité de grand parent, voir Richardet et sonder habilement le terrain... Tiens, tu n'es qu'un sot en trois lettres, mon neveu... Va-t-en au diable!

— Mon Dieu, d'où vous vient ce courroux?.. Je ne dis pas oui, mais je ne dis point non, par cette excellente raison que j'ignore si Catherine dira oui ou non...

Vous m'avez fait promettre hier soir de revenir chez vous ce matin vous instruire du résultat de mes réflexions; j'ai tenu ma promesse, j'ai réfléchi, et je viens vous dire, si Catherine consent à ce mariage, j'y consens, dans le cas où il pourrait se mener à bonne fin... J'aurais, bien entendu, pour ma femme, les égards qu'on doit avoir; elle me paraît une excellente personne, elle me gênerait peu, elle ferait ce que je voudrais et, par surcroît, tout ce qu'elle voudrait; je ne suis pas jaloux, je lui accorderais liberté pleinière, à charge de revanche. Ajoutez à cette commodité d'existence, quarante mille livres de rentes... l'on peut, comme vous le dites, cher oncle, *s'embourgeoisailler* à moins, car j'en conviens, dans notre monde je ne trouverais plus à faire un riche mariage, n'ayant maintenant en dot que mon titre; notre monde est plus que suffisamment titré! Si au contraire Catherine dit non, mes dernières ressources épuisées, j'accepte la place de premier écuyer du prince Maximilien, et je pars pour l'Allemagne avec ma maîtresse. Adieu, mon oncle; voici onze heures; je vais chez madame de Morlac ; attendez mon retour, et vous saurez si vous aurez ou non à jouer bientôt votre rôle solennel de grand parent auprès des Richardet.

Ce disant, Henri de Villetaneuse quitta le marquis afin de se rendre chez la courtisanne.

XVII

Ce jour-là même où M. de Villetaneuse avait avec son oncle l'entretien précédent, était un dimanche ; or, durant cette matinée, vers les onze heures, le père Laurencin plaça dans un écrin le bracelet marchandé la veille par madame de Morlac, et se disposa à aller, en compagnie de son petit-fils, porter le joyau chez la courtisanne. Ce devait être à la fois une promenade et une distraction pour Michel qui attendrait son grand-père à la porte de la maison où demeurait la maîtresse de M. de Villetaneuse.

Fortuné Sauval, désolé de l'accueil de la tante Prudence qui, la veille, lui avait formellement refusé de s'intéresser à la demande en mariage qu'il devait adresser à M. et à madame Jouffroy ; Fortuné Sauval, après une nuit d'insomnie, était sorti au point du jour, espérant trouver dans l'activité de la marche, et dans la vue des objets extérieurs, une distraction à ses perplexités. Naïvement et profondément épris, ses projets d'union, caressés dans la retraite, couvés dans le secret de son cœur, lui avaient d'abord, pour mille raisons, semblé si réalisables, qu'il les regardait alors comme assurés ; mais, en songeant à l'opiniâtre refus de la vieille fille, et à ses paroles au sujet de cette union, il sentait l'incertitude, presque la désespérance se glisser dans son cœur.

Le cousin Roussel rempli d'affection pour le jeune orfèvre, et inquiet de l'état d'abattement où il l'avait laissé la veille en le reconduisant chez lui, voulut le voir avant d'aller chez M. Jouffroy, et se rendit à l'atelier de la cour des Coches au moment où le père Laurencin et son petit-fils se disposaient à sortir.

Le vieil artisan, très fier de la bonne

mine de Michel, l'avait, selon son habitude, vêtu de son mieux, pour sa promenade du dimanche. L'apprenti portait pardessus sa veste de drap, une blouse grise toute neuve; le col de sa chemise bien blanche se rabattait sur sa cravatte de soie noire; ses souliers à forte semelle, mais lustrés par le cirage, disparaissaient à demi sous un large pantalon de velours de coton olive; enfin une casquette de drap noir à courte visière, placée un peu de côté sur les cheveux blonds bouclés de l'adolescent, seyait au mieux à sa charmante figure.

Le vieillard, après s'être assuré que tous les objets d'orfèvrerie et les métaux précieux étaient renfermés dans le coffre de sûreté, s'apprêtait à quitter l'atelier, lorsqu'il vit entrer le cousin Roussel.

— Oh! oh! dit gaîment l'épicier en retraite à l'apprenti, — comme te voilà beau dès le matin, mon petit Michel!

Et tendant la main au vieil artisan,

— Bonjour, père Laurencin!... Fortuné est-il chez lui?

— Non, monsieur Roussel, notre patron est sorti... au petit jour...

— Quoi !... de si bonne heure ?

— Il n'a pas fermé l'œil de la nuit ; je l'ai entendu aller et venir dans sa chambre, et, ce matin, il m'a dit : — « J'ai un « grand mal de tête... Je vais prendre l'air.. « ne m'attendez pas... disposez de votre « dimanche... »

— Pauvre garçon ! — pensa Joseph ; — les sarcasmes de la tante Prudence lui font craindre de ne pas voir sa demande en mariage bien accueillie... Au diable ces vieilles filles !... elles sont impitoyables pour les peines de cœur, mais je vais aller de ce pas chez Jouffroy... j'ai bon espoir ! — Et il ajouta tout haut :

— Père Laurencin, dans le cas où avant tantôt vous ne verriez pas Fortuné, je vais laisser un mot au crayon pour lui, chez la portière.

Puis remarquant l'écrin que le vieil artisan enveloppait de papier, il reprit :

— Qu'est-ce que cela ? un petit chef-d'œuvre, j'en suis certain? Montrez-le moi donc.

Et, à là vue du bracelet que le père Laurencin lui présenta dans son écrin, il s'écria :

— C'est admirable! — A qui donc est destiné ce merveilleux bijou?

— A une *pas grand-chose*, répondit à demi-voix le vieillard, afin de n'être pas entendu de Michel. — Elle est venue hier ici avec son galant, le neveu d'un pair de France... un comte... un monsieur de Villetaneuse...

— Il me semble que ce nom-là ne m'est pas inconnu, — dit Joseph en réfléchissant, tandis que le père Laurencin continuait ainsi :

— C'est, du reste, un très beau jeune homme. Il n'avait que cinq cents francs sur lui, et...

— C'est cela même, — reprit le cousin Roussel, ayant consulté ses souvenirs et interrompant le vieil ouvrier. — Mon ami Baleinier, un de mes anciens confrères, se livre à l'escompte du papier... J'étais l'autre jour chez lui... on lui a offert une lettre de change, d'un certain M. de Villetaneuse... neveu d'un pair de France... C'est évidemment le même personnage; mais mon ami Baleinier a répondu au courtier, que, pour rien au monde, il n'escompterait cette signature là. Il paraît en outre que le pair de France n'est pas plus solvable que son neveu... C'est vous dire, père Laurencin, que si ce beau jeune homme doit payer le bracelet de cette donzelle, il faut le tenir diablement serré...

— Oh! soyez tranquille, monsieur Roussel!...je rapporterai l'argent ou le bracelet.

A ce moment un homme, vêtu en valet de chambre de bonne maison, entra dans l'atelier et dit:

— C'est ici l'atelier de M. Fortuné Sauval?

— Oui Monsieur, répondit le père Laurencin; — mais le patron est sorti.

— Je viens de la part de mon maître, M. le comte de Villetaneuse, — reprit le valet de chambre, — pour prier M. Sauval d'envoyer sans faute ce matin chez madame de Morlac, rue Tronchet n° 7, le bracelet que monsieur le comte a marchandé hier.

— J'allais justement me rendre chez cette dame.

— Alors, hâtez-vous, mon brave ; M. le comte tient absolument à ce que le bracelet soit porté avant midi chez madame de Morlac.

— J'y serai avant midi.

— M. le comte peut y compter pour sûr ?

— Mais oui, monsieur, puisque je pars à l'instant même...

— A la bonne heure, car je serais fièrement grondé si j'étais soupçonné d'avoir négligé ma commission. M. le comte doit se trouver déjà chez madame de Morlac, car il veut être là, lorsque l'on apportera le bracelet.

— Vous pouvez être certain qu'avant une demi-heure je serai chez cette dame.

— J'y compte, mon brave.

Et ce disant, le valet de chambre sortit.

— Il paraît que le bracelet leur plaît fort, — reprit Joseph ; — raison de plus pour ne pas le lâcher sans argent...

— Oh ! fiez-vous à moi : donnant donnant, si non... — répondit le vieillard en enveloppant soigneusement l'écrin dans du papier, tandis que le cousin Roussel, avisant Michel qui se tenait à l'écart, dit affectueusement :

— Père Laurencin, et ce garçon-là vous satisfait-il toujours ?

— Lui, monsieur Roussel? Je peux bien le dire tout haut devant lui.... et M. Fortuné vous le répétera, nous n'avons qu'à nous louer de mon petit Michel pour son bon caractère, son intelligence et son goût au travail.

— Allons, mon garçon, — reprit en souriant le cousin Roussel, — il ne faut pas rougir parce que ton grand père dit de toi le bien que tu mérites... c'est ta récompense...

— Dam!... monsieur Roussel, ce n'est pas difficile de contenter mon grand père et maître Fortuné... — répondit Michel en souriant; — il n'y a qu'à les écouter, et ça va tout seul...

— Père Laurencin, — reprit tout bas Joseph, — est-ce que vous emmenez votre petit-fils chez cette drôlesse ?

— Non, non, je le laisserai dans la rue et il m'attendra pendant que je porterai le bracelet.

— Vous agissez sagement .. un enfant de cet âge ne doit pas mettre le pied chez de pareilles créatures. Allons, au revoir, je vais laisser chez le portier un mot pour Fortuné.

Pendant que le père Laurencin et son petit-fils fermaient soigneusement les portes de l'atelier, le cousin Roussel écrivit ces mots au crayon sur l'un des feuillets de son carnet :

Aussitôt après mon entrevue avec ton oncle Jouffroy, je rentre chez moi où je t'attends.

Puis, ayant ployé ce billet qu'il remit au portier, le cousin Roussel se dirigea vers la maison de M. Jouffroy, afin de demander Aurélie en mariage pour Fortuné Sauval.

Le père Laurencin et son petit-fils se rendirent chez madame de Morlac.

XVIII

— Quelle belle journée ! quel beau soleil ! — disait gaiement Michel sur le bras de qui s'appuyait le père Laurencin. — Si cela ne vous fatigue pas trop, grand père, nous ferons une fameuse promenade après que vous aurez porté le bracelet chez cette dame.

— Me fatiguer... avec un bâton de vieillesse comme toi, mon petit Michel ?... ah ! bien oui !... j'irais au bout du monde. Ah ! çà, voilà l'ordre de la marche de notre dimanche...

— Voyons, grand père...

— Je vais remettre le bracelet à la pratique... Tu m'attendras devant la maison, je ne ferai que monter et descendre, nous revenons apporter l'argent de la facture à l'atelier, parce qu'il n'est pas prudent de garder sur soi une grosse somme ; et puis nous irons nous promener... voyons... où irons-nous ?

— Où vous voudrez, grand père.

— Non, non, c'est ton seul jour de récréation, mon enfant... décide de notre promenade...

— Hé bien! si ça vous est égal... allons dans les champs... le temps est si beau!... c'est si joli, la campagne, même en hiver!... on voit le ciel si loin devant soi!... et puis des champs, des arbres, au lieu de ces grandes maisons de pierre des rues de Paris, c'est bien plus gai.

— Hélas! — pensait le vieillard en entendant parler ainsi son petit-fils, — son pauvre père était comme lui : il adorait la campagne!... Que de bonnes promenades nous avons faites le dimanche bras dessus, bras dessous!...

Il reprit tout haut en étouffant un soupir :

— C'est convenu... nous irons nous promener dans les champs, du côté de la butte Montmartre ; ça te va-t-il ?

— Si ça me va, la butte Montmartre ! je crois bien !... Je grimperai dans les carrières... je... — mais, s'interrompant en souriant, l'apprenti ajouta : — Bon !... à quoi est-ce que je pense là ?... est-ce que vous pouvez grimper, grand-père ?

— Je ne peux pas positivement te promettre ça ; mais voilà comment nous nous arrangerons :... je m'asseoirai à une jolie petite place, en plein soleil, au pied de la butte, et quand tu auras assez couru, sauté, grimpé, monsieur l'écureuil, tu reviendras me retrouver...

— Mais vous vous ennuierez tout seul.

— M'ennuyer ?... est-ce que je ne saurai pas que tu t'amuses ?...

— Oh ! bon grand-père ! comme je vous embrasserais si nous n'étions pas dans la rue !

— Ça se retrouvera plus tard, mon garçon. Donc, quand tu auras grimpé tout ton saoul, nous irons faire un gentil petit dîner chez le père Lathuille, à la barrière

Clichy, et nous reviendrons à la maison... hein?

— Oh! quel bon dimanche! — s'écria l'apprenti en sautillant de joie. — En rentrant, vous prendrez un livre dans la bibliothèque de maître Fortuné, vous vous coucherez, et je vous ferai la lecture...

— Tiens, petit Michel, tu gâtes trop ton vieux grand-père.

— Ah! bien oui! avant que je l'aie gâté autant qu'il m'a gâté... il faudra que j'aie inventé fièrement de gâteries, et ce n'est pas la bonne volonté qui me manquera, — répondit gaîment et gentiment l'apprenti; puis se mettant à rire aux éclats et indiquant la cause de son hilarité au vieillard:

— Voyez donc, grand-père, voyez donc ce gros monsieur:... en se reculant pour lire les affiches, il a manqué de tomber et de s'asseoir au beau milieu de cette petite charrette pleine d'œufs, que le marchand a placée près du trottoir... Ah! ah! ah! c'est ça qui aurait fait une fameuse omelette!

— C'est ma foi vrai, quelle superbe omelette! — reprit le vieillard en riant comme Michel. — Et tous deux devisant ainsi, arrivèrent rue Tronchet, où demeurait madame de Morlac.

XIX

Catherine Vandaël, dite madame de Morlac, occupait, rue Tronchet, un élégant appartement situé à l'entresol. Ce matin-là, elle était vêtue d'un frais peignoir garni de riches dentelles ; de grosses épingles d'or retenaient les boucles de ses cheveux blonds, enroulés autour de son front. Malgré ses trente ans passés, malgré ce déshabillé ordinairement si redoutable aux femmes de cet âge, Catherine paraissait encore belle et d'une fraîcheur juvénile, mais sa physionomie n'offrait plus cette expression doucereuse, insinuante et câline, dont elle était empreinte la veille, lors de sa visite à l'atelier de Fortuné, en compagnie de M. de Villetaneuse; on lisait alors sur les traits de la courtisane les âpres préoccupations de la cupidité.

Madame de Morlac parlait *affaires* avec M. Bayeul, dont la femme assistait la veille au bal de M. Richardet, et qui s'était emparée du bras d'Henri de Villetaneuse, au grand dépit d'Aurélie Jouffroy.

— Ma chère cliente, — disait M. Bayeul en lisant sur un carnet, — les quarante-cinq mille francs ont été remboursés avec les intérêts à trois pour cent... par mois, trente-six pour cent par an... Je crois avoir un nouvel emploi pour cette somme, mais nous n'obtiendrons guère que dix-huit à vingt pour cent...

— Il faudra s'en contenter, — reprit Catherine; — mais le placement sera-t-il sûr ?

— Très sûr... Nous avons, d'autre part, un renouvellement des trente-huit mille francs de la rue de Richelieu. J'ai accepté ce renouvellement pour trois mois, à quatorze pour cent; c'est médiocre, mais cette signature m'inspire toute confiance. Il nous reste enfin la somme de vingt mille francs dont vous commanditez la mère Bonnard, marchande à la toilette, prêteuse sur gages, etc., etc. Les affaires ont été superbes à cause du carnaval, et pendant les mois de janvier et de février, vos vingt mille francs vous ont rapporté dix-sept cents francs ; c'est l'un de vos meilleurs placements... Quant à M. Henri de Villetaneuse, nous avons scrupuleusement examiné sa position avec Richardet, son avoué ; tout ce que l'on peut espérer, vu les hypothèques dont est grevée sa propriété du Dauphiné, c'est de trouver encore à emprunter sur cet immeuble une cinquantaine de mille francs, puisque ce prêt aura lieu sur quatrième hypothèque... et encore le prêteur veut-il être remboursé dans un an... Du reste, j'ai appris avec peine, au point de vue du crédit de M. de Villetaneuse, qu'une lettre de change de trois mille francs, souscrite par lui, avait été refusée par un M. Baleinier, ex-épicier qui fait l'escompte... Somme toute, si M. de Villetaneuse trouve encore à emprunter cinquante mille francs sur sa terre, et que, d'ici à un an, (échéance de ses différents emprunts), il ne puisse, ce qui est certain, les rembourser... il sera exproprié... sa terre vendue, et il ne lui restera pas un sou vaillant.

— Mais, à l'heure qu'il est... il est encore *bon* pour une cinquantaine de mille francs?

— A peu près, ma chère cliente; je lui ai d'ailleurs prêté ce matin, à votre intention, je suppose, cent louis en avance sur l'emprunt hypothécaire en question; il m'a tant tourmenté pour avoir cette somme, hier soir, à un bal où je l'ai rencontré, que je n'ai pu les lui refuser.

— Dans quel bal avez-vous rencontré Henri?

— Chez Richardet.

— Comment Henri est-il allé là? Ce n'est pas sa société habituelle...

— Il doit une assez forte somme à Richardet pour des frais d'actes, et, d'un autre côté, son oncle le marquis a, je ne sais comment, trouvé moyen d'accrocher quelqu'argent au même Richardet. Or, comme la femme de celui-ci est possédée de vanité, elle a voulu que son mari invitât à son bal le marquis et son neveu... Ils n'ont pas osé refuser l'invitation.

— Je comprends...

— Si vous étiez jalouse, ma belle cliente, je me garderais bien de vous apprendre qu'à ce bal...

— Achevez...

— M. de Villetaneuse s'est montré fort galant auprès d'une charmante jeune personne...

— Quelle est cette jeune personne?

— La fille d'un négociant retiré fort riche.

— Henri s'est occupé d'elle?

— Beaucoup... il l'a fait danser deux fois... il l'aurait même fait danser davantage, si ma femme n'était venue d'autorité s'emparer du bras de M. de Villetaneuse... Aussi, peu de temps après que ma femme a eu pris possession de lui comme cavalier, la belle jeune personne a quitté le bal...

— En d'autres termes, madame Bayeul lui a enlevé Henri.

— C'est le mot.

— Vous me paraissez peu jaloux, cher monsieur Bayeul...

— Jaloux, moi? Je le suis à peu près autant que vous, ma belle cliente. Je ne donne point dans un travers si niais. La preuve en est que, pendant ce même bal, j'ai promis à M. de Villetaneuse les cent louis qu'il est venu chercher ce matin chez moi, et sur lesquels j'ai retenu deux cents francs de commission pour trois mois, vu que l'argent est rare; de sorte que la toilette de bal de ma femme s'est trouvée payée. Voilà comme je suis jaloux!.. mais à quoi songez-vous?.. Vous voici rêveuse.

— Ainsi, — reprit madame de Morlac, après un moment de silence, — Henri est encore *bon* pour une cinquantaine de mille francs? . . . .

— Moins les cent louis de ce matin et les autres dettes qu'il peut avoir...

— Merci du renseignement; j'en profiterai.

— Cela ne vous fera rien du tout de voir ce pauvre garçon complètement ruiné?

— Mon cher... les affaires sont les affaires. J'ai vu assez de femmes comme moi, après avoir roulé sur l'or, tomber dans une misère abjecte, sans autre perspective pour leurs vieux jours qu'un agréable emploi de garde-malade, ou de femme de ménage... bien heureuses si elles ne sont pas réduites à balayer les ruisseaux ! Franchement, je n'ai aucun goût pour ces conditions-là... si honorables qu'elles soient.... J'ai de l'ordre, de l'économie, et ne suis point comme tant d'autres sottes qui placent leur jeunesse et leur beauté... à fonds perdus.

— Peste !... à qui le dites-vous, ma chère cliente, vous en remontreriez à un avoué normand... Vous avez environ quatre cent mille francs de fortune, et, pour peu que vous continuiez à faire *suer* vos capitaux avec l'intelligence qui vous caractérise...

— Je possèderai vingt-cinq bonnes mille livres de rentes au soleil ;... c'est le chiffre que je me suis fixé : il faut être modérée dans ses désirs.

— Certainement...

— Ce chiffre atteint, je me retire en Belgique... dans quelque jolie petite ville... et je me fais dame de paroisse.

— Tenez, chère cliente, j'ai la prétention de parfaitement vous connaître, et pourtant une chose me confond...

— Laquelle?

— Quand vous êtes près de M. de Villetaneuse, même avec moi en tiers, vous semblez tant l'aimer! vous ne le quittez pas des yeux, vous ne perdez pas une de ses paroles, votre voix, en vous adressant à lui, est si douce, si tendre, si calme, que j'ai toujours cru que vous aviez un fond d'affection pour lui; il vous est si dévoué!.. pour vous il est si bon!..

— Certainement, certainement... *bon*... pour une cinquantaine de mille francs, m'avez-vous dit?

Cette horrible réponse fut accentuée de telle sorte par la courtisanne que M. Bayeul, cet usurier endurci, tressaillit et reprit :

— Savez-vous que vous êtes une femme effrayante!

— Vous n'êtes pas galant, cher monsieur Bayeul, mais, il y a, voyez-vous, quelque chose de plus hideux encore que l'égoïsme et la cupidité des femmes qui me ressemblent : c'est le sort qui les attend, lorsqu'elles sont assez niaises pour n'être ni égoïstes ni cupides. Le dévouement, la vertu, tout cela est superbe et facile à pratiquer, lorsque l'on a *du pain de cuit*, comme dit le peuple, et surtout et avant tout, lorsque l'on a reçu de ses parents de bons principes; or, les principes dans lesquels sont généralement élevées les bâtardes, et les enseignements qu'elles reçoivent.... ne sont pas des plus austères...

— Vous?... Fille naturelle?... J'ignorais...

— Et sans vouloir médire de ma mère.. — ajouta Catherine avec amertume, — elle aurait pu m'élever mieux, et surtout... plus tard... me conseiller mieux qu'elle ne l'a fait. Mais, après tout, élevée elle-même à l'école de la misère qui engendre souvent la dégradation, ma mère ne pouvait guère me donner de meilleurs principes. Quant à mon père, qui l'avait séduite à prix d'argent et qui passait pour être mon parrain, c'était l'un de ces hommes comme il y en a tant : ils ne voient dans la paternité que soucis, embarras, responsabilité pesante. Aussi j'avais à peine quinze ans et demi, que, pour se débarrasser de moi...

— Que pour se débarrasser de vous, chère cliente ?.. achevez.

— A quoi bon !.. cela vous intéresserait peu. Mon histoire est de celles qui courent les rues... comme leurs héroïnes, — répondit Catherine, après un moment de silence. — Toujours est-il, cher monsieur Bayeul... que si... ainsi que vous le dites... et c'est la vérité, j'ai le cœur dur et l'âme pervertie...

— Ah chère cliente... je ne me permettrais pas de...

— Allons... parlons franchement! On dit tout à son homme d'affaires, comme on dit tout à son médecin et à son confesseur. Or, en attendant que j'aie un confesseur... et je ne réponds pas de ne point en avoir un, quelque jour... je vous répéterai : J'ai le cœur dur et l'âme pervertie, parce que, depuis que j'ai eu l'âge de raison, je n'ai vu autour de moi qu'égoïsme et corruption. Telle je suis, telle on m'a faite. Le mal est non moins contagieux que le bien, et...—

Puis s'interrompant de nouveau, elle reprit avec un sourire sardonique :

— Mais je crois, Dieu me pardonne, que nous philosophons ! Je ne veux point anticiper sur les distractions de ma vieillesse, parmi lesquelles je compte, au premier rang, la philosophie... Ah ! si j'écris jamais mes mémoires... ils pourront fournir de belles thèses aux philosophes moralistes qui étudient le cœur humain !.. Donc, cher monsieur Bayeul, revenons à nos affaires.

La femme de chambre de madame de Morlac entrant en ce moment, lui dit :

— Madame... c'est un bracelet que l'on apporte.

— Et Henri n'est pas arrivé ! — dit Catherine à M. Bayeul, avec impatience. — J'ai de quoi payer ce bracelet dont je suis folle... mais... — et elle ajouta avec un sourire d'ironie, – je préfère devoir ce charmant bijou à l'amour d'Henri.

— Il ne peut tarder à venir chez vous : je l'ai quitté il y a une heure à peine, et évidemment l'argent qu'il m'a demandé avec tant d'instance était destiné à payer ce joyau... Gagnez une demi-heure, et vous verrez arriver M. de Villetaneuse. Sur ce... ma belle cliente... je vous laisse.

— Et le bordereau des dernières sommes versées par vous chez mon banquier ?

— C'est ma foi vrai ! j'oubliais ce bordereau ; le voici ; excusez-moi, ma belle cliente.

— Les affaires sont les affaires, cher monsieur Bayeul, répondit la courtisanne en recevant le bordereau ; et, après l'avoir lu attentivement, elle alla le déposer dans un tiroir de sûreté, en ajoutant :

— Au revoir, cher monsieur Bayeul !... n'oubliez pas de me faire savoir le jour où Henri aura touché l'argent de son dernier emprunt...

— Pauvre garçon !... je gagerais que le lendemain de ce jour-là... vous serez, je suppose, menacée d'une saisie... parce que, par bonté d'âme... (vous êtes si confiante et si ignorante des affaires d'argent !) parce que, dis-je, par bonté d'âme, vous aurez répondu de la solvabilité d'une amie... Or, comme vous ne possédez rien au monde que vos charmes, quelques bijoux et votre mobilier... un marchand viendra vous en offrir un prix de... et le *hasard* voudra que ce marchand se présente à l'heure même où M. de Villetaneuse se trouve habituellement chez vous. Ainsi instruit de votre cruel embarras... il vous *forcera*... c'est le mot... il vous forcera de lui permettre cette fois encore de venir à votre aide... vous refuserez héroïquement, il persistera non moins héroïquement dans ses offres, et vaincue, vous accepterez cette nouvelle preuve de son amour... avec la tendre reconnaissance que vous savez... ou, si vous n'usez pas du moyen que je dis, vous en trouverez un autre non moins ingénieux, car vous êtes non pareille pour ces inventions-là...

— J'ai en ce genre d'inventions quelque imagination il est vrai...

— Quelle femme !... quelle femme !

— Les affaires sont les affaires, cher monsieur Bayeul. Au revoir!

Et s'adressant à sa femme de chambre :

— Faites entrer la personne qui apporte ce bracelet.

M. Bayeul sortit et le père Laurencin entra dans le boudoir de madame de Morlac.

XX

M. de Villetaneuse, très frappé la veille de la ressemblance qui existait entre sa maîtresse et l'apprenti de Fortuné Sauval, avait fait part de cette remarque à madame de Morlac, mais celle-ci, absorbée dans la contemplation du bracelet qu'elle convoitait, n'entendit même pas l'observation du comte. Le père Laurencin, travaillant à son établi, le dos tourné aux acheteurs, entrevit à peine la courtisanne, dont le visage était d'ailleurs à demi caché par la passe de son chapeau et par sa voilette ; mais, lorsqu'entrant sur les pas de la camériste, dans le boudoir de madame de Morlac, qui se tenait alors debout près d'une fenêtre, le vieillard put à loisir envisager cette femme ; il s'arrêta immobile de stupeur.

Catherine, tête nue, le col dégagé par la coupe de son peignoir, ses cheveux enroulés autour de ses tempes, offrait une ressemblance si saisissante avec Michel, que la mère et l'enfant, le frère et la sœur, pouvaient seuls se ressembler ainsi. La disproportion d'âge existant entre la courtisanne et l'apprenti ne permettait pas de supposer qu'ils fussent frère et sœur, tandis que tout concourait à donner à penser qu'elle devait être sa mère. Il avait quinze ans à peine, et elle avait trente ans passés ; ce rapprochement d'âge traversa l'esprit du vieil artisan, comme un éclair sinistre ; son fils, ayant épousé une jeune fille de quinze ans, d'une grande beauté, s'était vu, après une année de mariage, abandonné par elle, ainsi que son enfant, et cette misérable avait pris la fuite avec un officier très riche.

Madame de Morlac, encore charmante et de mœurs suspectes, qui ne concordaient que trop avec sa première faute, pouvait donc être la mère de Michel...

A cette pensée de se trouver face à face avec la femme qu'il accusait de la mort de son fils, le père Laurencin fut tellement ému, qu'il pâlit, trembla, et ne put faire un pas.

Catherine, surprise et impatientée de voir ce vieillard immobile à quelques pas d'elle, et la contemplant avec une sorte d'ébahissement, lui dit :

— Approchez donc !... Pourquoi restez-vous au seuil de ce salon ?... M'apportez-vous le bracelet ?

Le père Laurencin, rappelé à lui-même par ces paroles, domina son émotion, et, pour s'excuser de son mieux, répondit d'une voix légèrement altérée :

— J'attendais l'ordre de madame pour me rapprocher...

— C'est montrer par trop de respect, mon brave homme !... Approchez, approchez... Où est le bracelet ?

— Le voici, madame, — répondit le vieillard, en développant le papier qui renfermait l'écrin ; — le voici...

La courtisanne saisit avidement l'écrin,

l'ouvrit et contempla le bijou avec un nouveau ravissement, disant de temps à autre :

—C'est merveilleux!... quel goût ! quelle délicatesse de travail !... c'est un chef-d'œuvre !

Le vieillard, voulant à tout prix éclaircir ses soupçons devenus pour lui presque une certitude, eut recours à un mensonge, et observant attentivement la physionomie de madame de Morlac, toujours occupée du bracelet, — il répondit lentement :

— Oui, madame, ce bijou est un véritable chef-d'œuvre... Malheureusement celui qui l'a fait, ce chef-d'œuvre, n'en fera plus.

— Ah ! — reprit madame de Morlac, sans quitter le joyau des yeux, — pourquoi donc l'auteur de ce chef-d'œuvre n'en fera-t-il plus ?

— Madame... parce qu'il est mort !

— Vraiment ? — dit Catherine avec distraction ; en continuant d'admirer le bracelet, — c'est dommage !

— Grand dommage, madame ! — ajouta le vieillard en accentuant lentement ses paroles, et ne quittant pas du regard madame de Morlac : — Michel Laurencin qui a ciselé ce bijou... était... un habile ouvrier.

— Vous dites ?... — s'écria la courtisanne, en tressaillant et regardant le vieillard avec anxiété, — vous dites que l'orfèvre qui a ciselé ce bijou... se nommait ?...

— Michel Laurencin... madame.

— Et il est mort ?

— Oui, madame !

— Depuis longtemps ?

— Depuis plusieurs années.

— Vous l'avez connu ?

— Il a travaillé dans le même atelier que moi... à son retour de Belgique...

— Ah ! — fit Catherine avec un nouveau tressaillement de surprise ; — il a habité la Belgique ?..

— Pendant deux années environ, Madame... Il était employé dans l'une des plus importantes maisons d'orfèvrerie de Bruxelles...

— Et vous êtes certain qu'il est mort ?...

— Très-certain, Madame, — répondit le vieillard, parvenant à vaincre son émotion ; — très-certain.

— De si habiles ouvriers ne devraient

jamais mourir — dit la courtisanne, reprenant un air presqu'indifférent, car sa physionomie avait exprimé une vive surprise, mais non la tristesse. Relevant alors la manche de son peignoir, elle attacha le bijou à son bras et le fit de nouveau miroiter devant ses yeux.

— C'est elle ! plus de doute ! — se disait le vieillard, avec une indignation et une horreur à peine contenues ; — c'est la veuve de mon pauvre fils... A son nom... cette infâme a d'abord tressailli, mais seulement de surprise en apprenant sa mort... De cette mort elle se soucie aussi peu que de son enfant dont elle ignore le sort, et, après avoir manifesté son étonnement, rien, rien : pas une larme, pas un soupir... pour ce malheureux qu'elle a conduit au tombeau !... Mon Dieu quel monstre que cette femme !... Sa vue me fait horreur !... Et penser que mon petit-fils... son fils... son fils !... est là dans la rue qui m'attend à la porte de la maison de son indigne mère !... Ah ! sortons d'ici !... sortons !... ma tête se trouble, je ne saurais me contenir davantage !

XXI

Le père Laurencin s'apprêtait à réclamer de madame de Morlac le prix du bracelet afin de s'éloigner au plus vîte, lorsque Henri de Villetaneuse entra familièrement dans le boudoir sans se faire annoncer.

— Dieu merci ! je n'arrive pas trop tard, — dit-il affectueusement à Catherine, en lui baisant la main. — Votre femme de chambre m'a appris que l'on venait d'apporter le bracelet tant désiré...

S'adressant alors au vieillard, il fouilla dans la poche de son gilet, en tira trois billets de cinq cents francs, avec cent francs en or, et les lui remit en disant —

— Voici seize cents francs, prix de ce bijou.

— Merci, Henri ! — dit Catherine en tendant à M. de Villetaneuse sa main au poignet de laquelle brillait le bracelet. — Vous me gâtez, mon ami !... c'est trop... c'est trop!... mais enfin vous l'avez voulu... il m'a bien fallu... comme toujours, céder à votre désir.

— Monsieur, voici la facture acquittée, — dit, à M. de Villetaneuse, le vieil artisan qui avait hâte de sortir. — Je suis votre serviteur.

— Un moment, mon brave homme, s'il vous plaît, — reprit le comte en arrêtant d'un geste le vieillard ; — vous êtes le grand père d'un petit apprenti qui vous attend en bas sous la porte cochère ?

— Oui, Monsieur, — répondit le père Laurencin, très-surpris de cette question. — Mais comment savez-vous...

— Hier, j'avais déjà remarqué dans votre atelier la ressemblance extraordinaire qui existe entre cet enfant... et vous, ma chère amie, — ajouta-t-il en se tournant vers la courtisanne ; — vous seriez sa sœur, que ses traits ne rappelleraient pas les vôtres d'une manière plus frappante. Je veux vous en faire juge...

— Monsieur, — s'écria le vieillard, en proie à une terrible anxiété ; — je ne sais... je vous prie... de...

— Ne vous donnez pas la peine d'aller chercher votre petit-fils, — reprit M. de Villetaneuse, croyant que telle était l'intention du vieillard en se dirigeant précipitamment vers la porte. — J'ai prié votre femme de chambre, — ajouta-t-il s'adressant à Catherine, — d'aller chercher ce petit garçon ; car, je vous le répète... je veux vous faire juge de cette ressemblance frappante... d'autant plus que cet enfant est beau comme un ange.

— Vraiment, — reprit madame de Morlac en souriant. — Vous êtes un flatteur, mon ami !... Sans doute votre bienveillance pour moi égare votre jugement, si cet enfant est aussi beau que vous le dites. En tout cas, de cette ressemblance nous allons juger... puisque vous avez envoyé chercher... ce petit garçon...

— Madame !... monsieur ! — s'écria le

vieillard, au comble de l'angoisse et s'en-courant vers la porte ; — il est inutile de...

Le père Laurencin n'acheva pas : la porte s'ouvrit et la femme de chambre de madame de Morlac introduisit dans le boudoir Michel, rougissant et timide. Aussitôt qu'il aperçut le vieillard, il vint à lui en disant :

— Vous m'avez fait appeler, grand-père ?

— Hé bien ! ma chère, qu'en pensez-vous ? — reprit M. de Villetaneuse : — la ressemblance n'est-elle pas véritablement extraordinaire ?

Catherine ne répondit rien ; elle contempla d'abord Michel avec une stupeur profonde, trouvant en effet entre elle et lui une ressemblance inconcevable... Mais soudain elle pâlit, frissonna. L'apprenti semblait avoir quinze ans... ce vieil ouvrier était son aïeul, et il venait d'apprendre à Catherine la mort de Michel Laurencin, ouvrier orfèvre : plus de doute ! le vieillard devait être le père de l'ouvrier... plus de doute !... Cet adolescent qu'elle avait devant elle, et qui lui ressemblait d'une manière si incroyable, devait être son fils...

Catherine, à cette pensée, fut bouleversée. O puissance de la maternité sur les âmes les plus perverses! Cette courtisanne sans cœur, endurcie, bronzée par une insatiable cupidité ; cette créature horriblement corrompue qui, préludant à ses désordres par l'abandon de son mari, venait d'apprendre son veuvage, presque avec indifférence, se sentit, à la vue de son enfant, atteinte au cœur ; mille émotions nouvelles s'éveillèrent en elle si violentes, si profondes, qu'elle chancela !. . elle fût tombée à la renverse sur le tapis, sans le secours de M. de Villetaneuse. Celui-ci la soutint évanouie dans ses bras, et très alarmé s'écria, s'adressant au vieillard :

— De grâce, veuillez envoyer tout de suite ici la femme de chambre de madame.

Et il ajouta se parlant à lui-même et contemplant Catherine avec une inquiétude croissante :

— Elle a complètement perdu connaissance!... Quelle peut être la cause de cet accident imprévu ?...

— Viens... viens, mon enfant : — dit le vieillard en entraînant Michel tout interdit, et saisissant avec empressement cette occasion de quitter la maison.

Le père Laurencin sortit au moment où la femme de chambre, mandée par lui, s'empressait d'accourir auprès de madame de Morlac.

Maintenant nous conduirons le lecteur chez M. Jouffroy. Ce jour-là même, le cousin Roussel devait demander pour Fortuné Sauval la main d'Aurélie.

XXII

La famille Jouffroy achevait de déjeûner. Aurélie n'assistait point à ce repas ; elle avait prétexté des fatigues du bal et d'une légère migraine, afin de rester au lit et de se livrer solitairement au charme doux et pénible de ses souvenirs de la veille. Poursuivie par eux jusques dans ses rêves, sa première pensée, en s'éveillant, fut encore pour M. de Villetaneuse.

M. Jouffroy déjeunait avec son appétit habituel, recommandant fort à son cousin Roussel, qui était venu s'inviter sans façon, certain pâté d'Amiens fort délectable, auquel madame Jouffroy, douée d'un appétit viril, faisait aussi largement honneur. La tante Prudence déjeunait d'une tasse de lait, où elle émiettait du pain grillé. Après cette réfection, elle recula sa chaise de la table, et reprit son éternel tricot. Les traits de la vieille fille semblaient soucieux. Instruite de la visite matinale du cousin Roussel chargé des propositions de mariage de Fortuné Sauval, elle songeait, non sans tristesse, à son entretien de la veille avec Marianne. Celle-ci, triste et pensive, mangeait à peine, et de temps à autre, sa mère lui disait :

— Marianne, vas donc voir si ta sœur a besoin de quelque chose.

La jeune fille se levait, sortait de la salle, et revenait bientôt, disant :

— Maman, Aurélie n'a besoin de rien.

Madame Jouffroy venait, pour la troisième ou quatrième fois depuis une heure à peine, d'envoyer Marianne s'enquérir des besoins de sa sœur, lorsque la vieille fille dit à sa belle-sœur avec un flegme sardonique :

— Décidément, ma chère, vous devriez mander le médecin ; il demeure heureusement en face de cette maison...

— A propos de qui donc demander le médecin ?

— A propos d'Aurélie : son état me semble grave... fort grave !...

— En quoi donc cela, tante Prudence ?

— Comment !... en quoi ?.. Elle est revenue du bal cette nuit, et, au lieu de se lever à dix heures, elle préfère dormir la grasse matinée. Elle vous fait dire par trois fois qu'elle n'a besoin de rien du tout, et qu'elle se trouve à merveille... la pauvre enfant !... Je vous dis, moi... qu'il faut faire grandement attention à cela...

— Vraiment, ma sœur ? — dit naïvement le bon M. Jouffroy en s'interrompant de boire un verre de vieux vin de Sauterne, qu'il portait à ses lèvres ; — vraiment tu crois... qu'Aurélie... — Et se tournant du côté de sa femme, — Mimi... tu entends ?...

— Tu ne vois pas que ta sœur se moque de nous, répondit madame Jouffroy en haussant les épaules. — Et s'adressant à la vieille fille avec aigreur : — En vérité, je ne sais ce que vous avez depuis quelque temps... mais l'on ne peut parler d'Aurélie, sans être en butte à vos quolibets !

— Allons, cousine, — reprit en riant Joseph qui, songeant au grave entretien de famille dont devait être suivi le déjeuner, désirait entre tous la bonne harmonie, et se rangea du côté de madame Jouffroy ; — allons ! ne savez-vous pas que la tante Prudence est un esprit fort.... qui se rit de nos faiblesses à nous autres pauvres humains ?

— Attrape, ma sœur ! — dit en riant M. Jouffroy. Et il avala son verre de vin de Sauterne. — Oh ! Joseph a bon bec, lui !

— Soit ! — reprit madame Jouffroy, d'un ton aigre-doux. Et faisant allusion au célibat de sa belle-sœur, elle ajouta : — Puisque Prudence ignore les inquiétudes que peuvent causer à une mère la santé d'un enfant... elle devrait au moins ne pas toujours se moquer de ceux qui les ressentent, ces inquiétudes...

— Ah! Mimi, — reprit M. Jouffroy, qui s'interposait toujours de son mieux entre les dissentiments de sa sœur et de sa femme, dissentiments devenus depuis quelque temps journaliers; — tu sais bien que Prudence aime autant que nous nos enfants... et que ce qu'elle dit, est pure plaisanterie... n'est-ce pas, chère sœur?

— Certainement, — reprit la vieille fille en se grattant impatiemment la tempe droite du bout de l'une de ses aiguilles à tricoter; — je suis une petite follette des plus guillerettes, qui ne songe qu'à faire des risettes...

Le cousin Roussel, persuadé que la réponse de la tante Prudence ne satisfaisait pas de touts points madame Jouffroy, voulut changer l'entretien et dit :

— Ah çà, mes amis! assez plaisanté! Nous avons fini de déjeuner! parlons affaires.

— Quoi? — reprit M. Jouffroy, — quelle affaire, Joseph?

— Je suis venu déjeuner avec vous, mes amis, d'abord pour déjeuner, et je me suis, vous l'avez vu, parfaitement acquitté de mon office ; je voulais ensuite vous entretenir d'une affaire fort importante, n'est-ce pas, tante Prudence ?

— Cela ne me regarde point, cousin Roussel... Hier vous m'avez demandé de rester neutre en ceci... et neutre je resterai.

Marianne rentra dans la salle à manger en disant :

— Maman, Aurélie se lève... elle ne veut prendre pour déjeuner qu'une tasse de thé... Je vais la lui porter.

— Rien qu'une tasse de thé ! — dit madame Jouffroy avec inquiétude ; — mais elle est donc indisposée ?

— Non, maman ;... seulement elle n'a pas grand appétit. Elle s'habille et tu la verras tout à l'heure.

—Hé bien! maintenant si vous le voulez, mes amis, — reprit le cousin Roussel, — nous allons passer dans votre chambre à coucher pour causer de l'affaire en question.

— Allons,— dit M. Jouffroy en se levant de table ; puis s'adressant à sa femme : — Viens-tu, Mimi ?...

Marianne devinant à quelle *affaire* le cousin Roussel faisait allusion, et bien qu'un peu rassurée par les nocturnes confidences d'Aurélie, ne put s'empêcher de jeter un douloureux regard sur la tante Prudence. Celle-ci lui répondit par un signe d'intelligence et suivit son frère et sa femme qui se rendirent, ainsi que le cousin Roussel, dans leur chambre à coucher.

XXIII

— Ah çà! Joseph, — dit M. Jouffroy, — quelle est donc cette importante affaire dont tu veux nous entretenir?

— Quant à moi, — reprit la tante Prudence, — je ne sais pas à quoi je suis bonne ici... car je me suis promis de rester muette comme un poisson...

— Ah! ma sœur, — dit M. Jouffroy, — tu sais que jamais nous ne nous sommes occupés d'une affaire importante sans te demander ton avis... et toujours bien nous en a pris de te le demander.

— Soit... mais dans cette affaire-ci je n'ai à dire ni oui, ni non, c'est convenu avec le cousin Roussel...

— Joseph, — reprit en riant M. Jouffroy, — vas-tu nous dire le mot de la charade ?

— Certainement. Le mot de la charade est :... mariage.

— Mariage ! — répétèrent à la fois M. et madame Jouffroy, — mariage !...

— Oui mes amis, voilà pourquoi la tante Prudence que le mot et la chose font tomber en pamoison, en indignation, en horripilation, veut rester neutre, et ne tremper en rien, pas même en parole, dans cette vilainie conjugale. Moi qui n'ai pas les mêmes scrupules, je viens tout bonnement vous proposer un mariage pour Aurélie...

— Oh ! oh ! — fit M. Jouffroy en consultant sa femme du regard, — tu entends, Mimi... voilà en effet qui est fort grave... on ne peut plus grave...

— Mon cousin, — reprit madame Jouffroy, — je dois vous prévenir qu'en fait de mariage, nous ne déciderons jamais rien sans la volonté d'Aurélie.

—Naturellement—ajouta monsieur Jouffroy — c'est elle qui se marie c'est à elle de choisir son futur.

— Je vous connais trop, mes amis, pour craindre que vous songiez à contraindre son choix... mais votre devoir est du moins de l'éclairer.

— Enfin — dit madame Jouffroy — quel est le parti que vous proposez pour notre fille ?

— Son cousin... Fortuné Sauval.

— Fortuné — reprit vivement madame Jouffroy — c'est de lui qu'il s'agit ?

—Hé...hé...—fit monsieur Jouffroy d'un air approbatif en consultant sa femme du regard, quoiqu'il se fût mépris sur le sens de son exclamation — hé... hé... de cousin à cousine... il n'y a que la main... Fortuné est le meilleur garçon que je connaisse... Aurélie et lui se connaissent depuis l'enfance... et ma foi si notre fille y consentait, ce mariage là.... me plairait fort à moi... qu'en dis-tu, Mimi ?

— Je dis qu'il faut que le cousin Roussel ait perdu la tête pour nous faire une proposition pareille — s'écria madame Jouffroy en haussant les épaules — je dis qu'il faut que tu sois fou... d'abord pour trouver ce mariage là tout simple, et ensuite... pour croire qu'Aurélie y consentira.

La tante Prudence jeta par-dessus ses bésicles, et tout en tricotant, un regard narquois sur le cousin Roussel, fort décontenancé, tandis que M. Jouffroy reprenait timidement en s'adressant à sa femme :

— Dam... Mimi... je croyais que Fortuné pouvait....

— Laisse-moi donc tranquille... marier notre fille à un boutiquier ! elle qui aura une superbe dot... elle, qui belle comme elle est, peut prétendre à tout... En vérité, je ne sais pas à quoi pense le cousin Roussel...

— Je pense, ma chère cousine, que vous avez été boutiquière, que Baptiste a été boutiquier... que j'ai été boutiquier... or...

— Voila-t-il pas de belles raisons — reprit madame Jouffroy avec une impatience croissante — Hé ! c'est justement parce que moi et mon mari nous savons ce que c'est que d'être du lundi au samedi dans une boutique comme des chiens à l'attache, que nous ne voulons pas exposer notre fille aux mêmes ennuis... Comme c'est régalant! être aux ordres du premier acheteur... qui vient acheter pour cent sous... merci, je sais ce qu'en vaut l'aune!

—Naturellement, cousine, puisque vous auniez des soieries — reprit Joseph — Mais vous et Baptiste, vous avez dans cette boutique si dédaignée, gagné une belle fortune.

— Oui, Dieu merci! notre fortune est faite; aussi nous voulons épargner à notre fille les désagréments que nous avons eus en l'amassant, cette fortune... Et d'ailleurs je veux pour ma fille un mariage qui flatte son amour-propre et le nôtre... Enfin, jamais elle ne sera boutiquière... ou bijoutière... si vous l'aimez mieux!

En entendant sa belle-sœur parler ainsi, la tante Prudence gardant à grand peine la neutralité qu'elle s'imposait, se dédommagea en grattant furieusement sa tempe droite du bout de l'une de ses aiguilles à tricoter, tandis que le cousin Roussel défendant le terrain pied à pied, et ne perdant pas tout espoir, reprenait :

— Si je vous comprends bien, cousine... vous desirez pour Aurélie, un mariage qui flatte son amour-propre... et le vôtre...

— Certainement...

— Hé bien! savez-vous ce qui s'est passé hier dans l'atelier de Fortuné ?

— Que s'est-il passé ?

— Un prince... un vrai prince, le frère d'un duc souverain d'Allemagne... — et s'interrompant, l'épicier en retraite ajouta d'un accent d'ironie contenue, — j'espère, cousine, que cela doit commencer de joliment flatter votre amour-propre.

— Voyons... après... continuez...

— Or, ce prince est venu hier chez Fortuné pour...

— Pour lui faire une commande? voilà-t-il pas une belle gloriole?

— Non, cousine, ce n'était point pour lui faire une commande. Ce prince apportait lui-même à Fortuné, la croix de la Légion-d'Honneur, que le roi accordait au génie de votre neveu, le plus célèbre orfèvre de ce temps-ci.

— Fortuné décoré! — s'écria M. Jouffroy en joignant les mains avec admiration, — il serait possible... Fortuné décoré... Prudence! tu entends... le fils de notre sœur... Ah! quel malheur que mon frère Laurent ne soit plus de ce monde... pour se réjouir avec nous... de tant d'illustration pour la famille; — et le digne homme ne pouvant retenir une larme de joie reprit avec une exclamation croissante, — mon neveu a la croix d'honneur!... Ah! Mimi... quel beau jour pour nous! Encore une fois quel dommage que mon frère Laurent ne soit plus de ce monde.

— Bon! — fit madame Jouffroy en haussant les épaules, — ton frère Laurent faisait cent fois plus de cas de deux beaux yeux et d'un fin corsage que de toutes les croix d'honneur du monde! C'était un gaillard...

— Tout gaillard qu'il était, il eût partagé notre joie... Ah!... j'oubliais! nos enfants qui ne savent pas que leur cousin... — Et le digne homme s'encourant vers l'une des portes de la chambre à coucher s'ouvrant sur un corridor où communiquait la chambre des deux jeunes filles, s'écria : — Aurélie, Marianne... venez... venez vite... — Et retournant auprès de sa femme il lui sauta au cou ; — embrasse-moi, Sophie, embrasse-moi. Fortuné décoré... je crois que j'en deviendrai fou...

— Mais, Dieu me pardonne, cela commence ! — reprit madame Jouffroy après avoir reçu l'accolade de son mari, — que de bruit, mon Dieu... pour peu de chose.

Les deux jeunes filles accoururent à l'appel de leur père. Aurélie vêtue d'une élégante robe de chambre, entra la première ; sa ravissante figure, légèrement pâlie, portait les traces de l'insomnie ; la mélancolie, l'inquiétude, le trouble de son âme, pénétrée depuis la veille d'un sentiment nouveau pour elle, donnait à ses traits une expression touchante.

Marianne suivait sa sœur, mais au moment où elle entrait avec elle dans la chambre, madame Jouffroy lui dit :

— Marianne... nous avons à causer avec Aurélie... laisse-nous.

La jeune fille ne dépassa pas le seuil de la porte, et la referma sur elle en quittant l'appartement, après avoir échangé un triste regard avec la tante Prudence.

— Pourquoi ne pas aussi apprendre à Marianne que Fortuné est décoré? — avait dit M. Jouffroy à sa femme, — la pauvre enfant serait si joyeuse.

— En vérité, Baptiste! cette décoration te fera perdre la tête... Est-ce qu'il est convenable que Marianne entende les propositions de mariage que nous allons faire à sa sœur, car je veux en avoir le cœur net... et prouver au cousin Roussel que je ne suis pas la seule à trouver qu'il n'a pas le sens commun.

XXIV

Le cousin Roussel plus clairvoyant que les autres membres de la famille, remarqua, non sans quelque surprise, l'expression mélancolique de la physionomie d'Aurélie ordinairement placide et souriante, elle dit à son père en s'asseyant près de lui.

— Qu'avais-tu donc à nous apprendre avec tant d'empressement ?

— Fifille, je voulais t'apprendre que...

— Baptiste, laisse-moi l'instruire de cette bonne nouvelle, — se hâta de dire Joseph. — J'ai mes raisons pour te parler ainsi.

— Alors, cousin, — reprit Aurélie en tâchant de sourire, — dites-moi donc vite cette bonne nouvelle ?

— D'abord, mon enfant, réponds-moi : Que penses-tu de Fortuné ?

— De Fortuné ?

— Oui.

— Je pense qu'il n'y a pas au monde un jeune homme d'un meilleur caractère... d'un meilleur cœur.

— Et de sa figure... qu'en dis-tu ?

— En vérité, cousin Roussel... vous me faites des questions singulières.

— Enfin... réponds-moi, ma chère Aurélie : Fortuné est ton ami d'enfance, presqu'un frère pour toi, tu peux parler de lui sans embarras...

— Oh ! je n'éprouve nul embarras à vous répondre que la figure de Fortuné est avenante, qu'on y lit la bonté de son cœur... Seulement, soit dit sans reproche, — ajouta la jeune fille en souriant, — ce cher cousin néglige un peu beaucoup sa toilette... c'est dommage... car, s'il le voulait, il pourrait, comme tant d'autres, avoir l'air d'un élégant.

— Cette négligence..... très réparable

d'ailleurs, est excusable... en cela qu'elle prouve l'amour de ton cousin pour son art où il excelle ; il ne sort de son atelier qu'afin de venir ici passer de temps à autre ses soirées en famille...

— C'est vrai ; il paraît si heureux lorsqu'il est avec nous... et comme il nous le dit toujours, il ne connaît que deux choses : son art et la vie de famille... Aussi, est-il l'un des premiers orfèvres de Paris.

— Ça mord... ça mord... — dit tout bas et joyeusement M. Jouffroy au cousin Roussel qui, s'adressant à Aurélie :

— Sais-tu quelle est la bonne nouvelle que je priais ton père de me laisser t'annoncer ? Un prince est venu hier apporter la croix d'honneur à ton cousin de la part du roi.

— Il serait vrai ? — dit Aurélie avec un accent de surprise et de satisfaction. — Ah ! combien je suis contente pour Fortuné de ce que vous m'apprenez là... doit-il être glorieux... un prince lui apporter la croix de la part du roi ?

Madame Jouffroy regardait sa fille avec inquiétude en l'entendant parler si avantageusement de son cousin, l'orgueilleuse femme, selon l'expression de son mari, trouvait, à l'encontre de lui, que ça *mordait trop* à l'endroit du jeune artiste.

— Oui, Fifille! — s'écria M. Jouffroy radieux, — Fortuné a la croix d'honneur, Je ne m'en sens pas d'aise!... C'est mon neveu, enfin... c'est mon neveu! ce cher garçon!

— Ainsi, — poursuivit Joseph en jetant à son tour un regard triomphant sur la tante Prudence qui, fidèle à sa neutralité, tricotait activement, — ainsi, ma chère Aurélie, ton amour-propre est, ainsi que celui de la famille, justement flatté de la distinction dont Fortuné a été l'objet?

— Certainement, j'en suis fière pour lui et pour nous... Cher Fortuné, son talent méritait d'être ainsi récompensé!

— Et de cette récompense, il est doublement heureux; sais-tu pourquoi?

— Non, cousin Roussel.

— Parce qu'il s'est dit: Maintenant, ma position est faite, elle est aussi honorable que possible, je peux songer à me marier.

— Comment, Fortuné songe à se marier ?

— C'est son plus vif désir, mon enfant...

— Eh bien !... celle qui l'épousera sera certaine d'être heureuse... — répondit ingénuement et sincèrement Aurélie, — elle pourra se vanter d'avoir un mari modèle.

— Et par-dessus le marché, elle pourra se vanter d'être boutiquière! — s'écria madame Jouffroy ne pouvant contenir son impatience, et s'alarmant de plus en plus d'entendre sa fille faire ainsi l'éloge de son cousin, — Ah ! mon Dieu ! oui, — ajouta-t-elle d'un air méprisant, — voilà le beau lot réservé à madame Fortuné Sauval... boutiquière et bijoutière.

La tante Prudence ne put se contenir davantage, et oubliant sa neutralité, reprit avec une indignation sardonique :

— Bijoutière! boutiquière! Ah fi! ma noble nièce! ta mère a raison! quel mot vulgaire! Boutiquière! c'est à soulever le cœur! Boutiquière! comme qui dirait : tenir une ignoble boutique! ni plus ni moins que celle que tenait ton père et ta mère! Boutiquière! mais, qu'est-ce que c'est que cet ignoble mot là? mais, qu'est-ce que cet ignoble métier là? bravo ma belle-sœur! vous avez le sens droit, le cœur haut et l'esprit fier! Tudieu! si ma nièce suit vos conseils... ce n'est point elle qui fera jamais honte à la famille...

— Oui, mademoiselle Prudence, ma fille écoutera mes conseils, ne vous en déplaise, — répondit aigrement madame Jouffroy à sa belle-sœur, — et si elle m'en croit, dussiez-vous en crever de dépit, Aurélie, belle comme elle l'est, richement dotée, pouvant prétendre aux plus beaux partis, ne sera jamais boutiquière. Elle est faite pour mieux que cela... et afin de réjouir votre bon cœur... votre excellent cœur, je vous apprendrai que pas plus tard qu'hier, au bal où nous étions, chez les Richardet, des personnages du plus grand monde, un marquis et un comte, l'un pair de France et l'autre son neveu, n'ont eu d'yeux, de prévenances, d'attentions, que pour ma fille... M. le comte de Villetaneuse, c'est son nom, vous le voyez mademoiselle Prudence, je mets les points sur les i, j'articule les noms, M. le comte de Villetaneuse, un aimable et charmant jeune homme, n'a voulu danser qu'avec Aurélie... Il lui a dit, ainsi que son oncle, le marquis, qu'elle ressemblait comme deux gouttes d'eau à une ravissante comtesse très à la mode du faubourg Saint-Germain; or j'imagine, que lorsqu'une jeune personne a l'air assez distingué pour qu'un comte et un marquis lui disent de ces choses là... elle n'est pas faite, Dieu merci! pour être jamais boutiquière!

— Vous avez raison, madame, et vous parlez d'or, — reprit la tante Prudence. Puis, s'adressant à M. Jouffroy qui, désolé de cette nouvelle discussion, soupirait et ne soufflait mot, — mais j'y pense, mon frère... Est-ce que le roi de France n'a point encore des fils à marier? m'est avis que ce serait un parti assez sortable pour Aurélie... peut-être ta femme n'y verrait point d'inconvénient, à ce mariage là...

— Mademoiselle Prudence, vous n'êtes qu'une vilaine envieuse... — s'écria madame Jouffroy exaspérée, — vous n'êtes que fiel et que haine, parce que vous n'avez jamais pu trouver à vous marier, à cause de votre mauvais cœur, de votre méchant caractère! et de votre langue de vipère!

— Sophie! peux-tu parler ainsi à ma sœur devant notre fille, — s'écria M. Jouffroy, douloureusement ému, — ne sais-tu pas...

— Taisez-vous, votre sœur n'aime personne... et je suis enchantée de l'occasion de lui dire en face, qu'elle devient insupportable!

— Parce qu'il me devient impossible de supporter vos adulations extravagantes! vos admirations ridicules au sujet d'Aurélie, madame, — reprit la tante Prudence, — vous mettez martel en tête à cette enfant; vous ne savez qu'imaginer pour flatter, pour exciter sa vanité, pour l'encourager aux prétentions les plus folles... et, ceci, vous trouverez bon que je le dise en sa présence, j'ajouterai d'ailleurs, que si elle n'était pas douée d'un cœur excellent, vous risqueriez de la rendre la créature la plus désagréable, et qui pis est, la plus malheureuse du monde...

— Mademoiselle Prudence... j'élève ma fille ainsi qu'il me plaît.

— Hé, madame... Je comprends qu'une mère soit orgueilleuse de sa fille... énorgueillissez-vous donc de ce qu'il y a de vraiment louable chez Aurélie, et il y a certes de quoi vous rendre justement fière. Elle est votre enfant, mais elle est aussi ma nièce, or, j'ai, je m'imagine, le droit de m'intéresser à elle ?

— Tu le vois bien, Sophie, — se hâta de dire M. Jouffroy. — Tout cela n'est qu'un malentendu... ma sœur aime Aurélie à sa façon, comme nous l'aimons à la nôtre... Ce que Prudence nous dit est dans une bonne intention. — Puis s'adressant tout bas à Aurélie, il ajouta : — Va vite embrasser ta mère et ta tante.

Aurélie, attristée de ce débat dont elle était la cause involontaire, se rendit avec une parfaite bonne grâce au désir de son père, et dit à madame Jouffroy, en l'embrassant tendrement :

— Chère maman, si tu savais combien je suis affligée de cette discussion ! Tu m'aimes tant, — ajouta la jeune fille avec mélancolie, — tu m'aimes tant que tu fais pour mon bonheur les plus beaux rêves...

Puis, embrassant à son tour la tante Prudence.

— Vous m'aimez bien aussi... les observations que vous faites à ma mère, sont, je le sais, dans mon intérêt, chère tante !

Puis, elle reprit avec un sourire touchant et charmant, en prenant à la fois par la main madame Jouffroy et la tante Prudence :

— Allons, vous n'êtes plus fâchées, n'est-ce pas? bonne mère... chère tante?... Je serais désolée de me croire l'objet d'un dissentiment sérieux entre vous... de grâce, ne me laissez pas cette crainte... vous verrez... je saurai toutes deux vous contenter...

— Mon Dieu, — reprit madame Jouffroy, cédant à la douce influence de sa fille. — Ta tante Prudence doit savoir que la patience n'est pas mon fort... Et elle me taquine toujours.

— Sophie, — répondit la vieille fille d'une voix conciliante, — vous devez savoir aussi, que je ne peux m'empêcher de dire ce que je crois juste et vrai, je le dis quelquefois d'une façon trop acerbe, je l'avoue et le regrette. N'attristons pas davantage cette chère enfant, oublions nos vivacités de tout à l'heure.

— Soit, Prudence, je suis colère, mais n'ai pas de rancune.

— Enfin c'est très heureux ! — ajouta Joseph, — que de peines vous avez eues à reconnaître toutes deux que vous valez mieux que vos paroles !

— Chère femme ! chère sœur ! — dit M. Jouffroy, avec expansion et les larmes aux yeux. — Il m'est si doux de vous voir unies comme autrefois... Est-ce que nous devrions jamais douter de notre affection les uns pour les autres ! Que diable ! chacun a ses petites vivacités, soyons indulgents, il n'y a qu'un bonheur au monde ! celui de vivre paisiblement... bonnement... en famille !

XXV

Un silence de quelques instants, causé par les émotions et les réflexions diverses de nos personnages, interrompit l'entretien.

Le cousin Roussel, tout d'abord frappé dès l'entrée d'Aurélie, de sa légère pâleur et de l'expression mélancolique de sa physionomie, avait remarqué son trouble, sa rougeur, lorsque madame Jouffroy s'était extasiée sur les attentions, sur les préférences témoignées à Aurélie durant le bal de la veille, par M. de Villetaneuse. Or, le matin même, et en présence de Joseph, le domestique du comte était venu dans l'atelier de Fortuné afin de recommander au Père Laurencin de porter sans retard un bijou à Madame de Morlac, courtisanne de renom, chez qui M. de Villetaneuse devait se trouver avant midi. Enfin, Joseph savait par M. Baleinier, l'un de ses anciens confrères, alors escompteur, que la signature de M. de Villetaneuse était partout refusée. Sans pénétrer l'amoureux secret d'Aurélie, mais assez porté à croire que la jeune fille, à force d'entendre répéter « qu'elle pouvait pré-« tendre à un superbe mariage, » avait remarqué, trop remarqué le comte, le cousin Roussel, loin de regarder la cause de Fortuné, comme perdue, sentit renaître son espoir à l'endroit de ce mariage.

Aurélie de son côté, frappée de ce que madame Jouffroy s'était écriée que « sa « fille ne serait jamais boutiquière, » et cela au moment où le cousin Roussel parlait des projets de mariage de Fortuné, soupçonna dès lors qu'elle n'était pas étrangère à ces projets, elle n'en douta plus lorsque, rompant le premier le silence, Joseph lui dit :

— Ma chère Aurélie, notre conversation

a été complètement détournée de son but, laisse-moi te rappeler qu'au moment où elle a été interrompue, tu me disais (ce sont tes propres paroles) « que la femme « que choisirait Fortuné pouvait être cer- « taine d'être la plus heureuse des femmes, « car elle aurait un mari modèle. » M'as-tu dis cela?

— Oui, — répondit fermement Aurélie, rougissant légèrement, — Oui, cousin Roussel, je vous ai dit cela... parce que je le pensais... parce que je le pense...

— Hé bien!... ce mari modèle... peut être le tien... Fortuné t'aime à l'adoration... sans avoir jamais osé te l'avouer... mais sa croix d'honneur lui a donné du courage... il m'a prié de faire à tes parents et à toi ses offres de mariage...

— Aurélie, je n'ai pas besoin de te rappeler que tu es libre... absolument libre d'accepter ou de refuser ces propositions, — ajouta vivement madame Jouffroy. — Dieu merci, ni moi, ni ton père, nous ne te gênerons jamais dans ton choix!

— Oh! pour ça non, fifille, c'est toi qui

te marie, c'est à toi de prendre le mari qui te convient.

— Cousin Roussel, — répondit la jeune fille avec émotion après un moment de silence, — je remercie Fortuné d'avoir pensé à moi... je l'aime comme un ami d'enfance... comme un frère... je sais combien il mérite d'affection... mais...

— Mais tu n'as pas le moins du monde envie de l'épouser, — se hâta de dire madame Jouffroy ; — n'est-ce pas, ma fille ?

— Maman, je ne désire pas encore me marier... mais je reconnais toutes les qualités de Fortuné... la femme qu'il épousera sera très heureuse.

— Alors, fifille, c'est fini... n'en parlons plus... c'est dommage...

— J'étais certaine d'avance du refus d'Aurélie, — reprit madame Jouffroy d'un air triomphant ; — je savais bien qu'elle ne consentirait jamais à être bouti...

Mais se rappelant la virulente sortie de la tante Prudence au sujet du mépris des boutiquiers, la mère d'Aurélie s'interrompit, trop satisfaite d'ailleurs, pour songer à réveiller une querelle assoupie ; aussi reprit-elle :

— Enfin, ma fille ne veut pas de Fortuné pour mari, ce qui ne l'empêche pas d'être le meilleur garçon du monde...

— Oh ! certainement, — reprit la jeune fille, — et je vous prie, cousin Roussel, dites-lui que si je refuse sa main... c'est que... — et, confuse, elle balbutia : — c'est que je...

— C'est que tu ne veux pas l'épouser, — ajouta madame Jouffroy ; — c'est simple comme bonjour.

— Soit, — reprit Joseph, — ne parlons plus de ton cousin ; mais, puisque nous sommes entre bons amis, en famille, veux-tu, ma chère Aurélie, que nous causions un peu du mariage en général ? — et il ajouta gaîment : — C'est un sujet de conversation qui n'est point déplaisant pour une jeune fille...

— Non, cousin Roussel. Causons mariage, si vous le voulez...

— Tiens.. si je ne me trompe... et après tout, ce désir serait de ta part fort naturel... tu voudrais un mari qui d'abord te plût...

cela... va de soi... et puis... voyons... avoue cela... à ton vieil ami... et puis tu voudrais aussi que ce mari flattât ton amour-propre. Ai-je deviné juste?

— Sans doute, vous avez deviné, cousin Roussel, n'est-ce pas, ma fille ?...

— Oui, maman.

— Cherchons donc dans les *futurs contingents*, c'est le mot, — reprit gaîment Joseph, — sur qui tu pourrais fixer ton choix... si ledit futur te plaisait préalablement, c'est entendu... Voyons... Epouserais-tu, par exemple, un médecin ?

— Oh ! cousin, — reprit en souriant Aurélie; — entendre toujours parler de maladies... ce n'est pas gai.

— Un notaire ?

— Toujours entendre parler de contrats...

— Un avocat ?

— Toujours entendre parler de procès...

— Un militaire ?...

— Je craindrais trop pour ses jours s'il allait à la guerre.

— Cherchons encore... un banquier ?

— Il serait plus occupé de sa caisse que de moi.

— Alors, je ne te parlerai pas d'un négociant... d'un négociant *en gros*, bien entendu (et qui ne soit point boutiquier, comme dit ta mère). Il aurait aussi à s'occuper de son commerce, comme le médecin de ses malades, comme le notaire de ses affaires, comme l'avocat de ses causes, comme le militaire de ses soldats... Cherchons donc encore... tiens... cette fois... je crois avoir rencontré juste : je gage que tu voudrais épouser un jeune homme riche, aimable, charmant... n'ayant d'autre occupation que celle d'être du matin au soir aux petits soins pour toi ! d'autre état que celui de t'adorer, de te faire vivre le plus agréablement du monde ?

— Hé !... hé !... Joseph, cette fois-ci *tu brûles*... n'est-ce pas, fifille ?

— Que voulez-vous, mon père, il faudrait être bien difficile pour qu'un pareil mari ne vous plût pas, — répondit Aurélie en souriant à demi ; mais étouffant un soupir qui répondait à une pensée secrète et pénible, elle ajouta : — Seulement le cousin Roussel sait bien que de tels mariages sont introuvables.

— Pourquoi donc introuvables ? — reprit madame Jouffroy. — Belle comme tu l'es.. richement dotée... j'espère bien que nous le dénicherons ce phénix de mari, qui n'aura pas d'autre occupation que de te rendre la plus heureuse des femmes.

La tante Prudence secoua la tête, et ne voulant pas rompre la *trève* contractée avec sa belle-sœur, lui dit, sans donner cette fois à sa pensée une forme caustique :

— Ah ! Sophie, je me défie des maris qui n'ont point d'autre état que celui d'être amoureux de leur femme ! Rien de pire chose en ménage que l'oisiveté des époux ; elle engendre bientôt l'ennui... la satiété, le dégoût... et tout ce qui s'ensuit...

— Allons, Prudence... c'est de l'exagération...

— Ma chère belle-sœur, je n'exagère point.. voyons, soyez sincère.. Est-ce qu'alors que vous aidiez si utilement mon frère dans son commerce, n'ayant pas une minute à vous, tant vous montriez d'activité, vous n'éprouviez pas après une journée si bien remplie, un grand bonheur, à vous retrouver le soir dans la confiante intimité de votre mari qui le jour durant avait été occupé de son côté, ainsi que vous du vôtre ? ne ressentiez-vous pas un vrai plaisir à jouir ainsi d'un repos laborieusemement gagné ? Avouez-le, vous vous seriez mortellement ennuyés au vis-à-vis l'un de l'autre, si du matin au soir vous étiez restés tous deux sans quoi savoir faire de votre temps ?

— Certes j'aime et j'ai toujours tendrement aimé Mimi. Mais, saperlotte ! rester du matin au soir à nous regarder elle et moi le blanc des yeux... il y aurait eu de quoi avaler notre langue !

— Et comment donc vivent tant de personnes riches indépendantes qui ne sont pas dans le commerce, ou qui n'ont pas d'état ? — répondit madame Jouffroy en haussant les épaules — Les gens du beau monde, enfin ? Est-ce qu'ils s'ennuient à avaler leur langue ?

— Ma cousine, lisez-vous la *Gazette des Tribunaux ?*

— Je vous demande un peu, cousin

Roussel, à quoi rime cette question-là?

— Elle rime à : séparation... car si vous lisiez ce journal judiciaire dont je parle, vous verriez, qu'il ne se passe presque pas de semaine sans que les tribunaux aient à prononcer une séparation de corps et de biens parmi ces beaux mariages où le mari et la femme ne savent quoi faire de leur temps, comme le disait la tante Prudence... Oh ! certainement au nouveau tout est beau, la lune de miel dure environ ses trois ou quatre quartiers, après quoi viennent la froideur, l'ennui, la lassitude de l'un de l'autre, madame vit de son côté, monsieur du sien... s'il est jeune, il recommence sa vie de garçon, et le diable sait ce que c'est que la vie de garçon des jeunes gens oisifs... Hé mon Dieu, chère Aurélie... tiens... j'y pense... voici un exemple tout trouvé...

— Que voulez-vous dire ?

— Ce matin en allant voir Fortuné, j'ai trouvé son vieil ouvrier, le père Laurencin, qui se disposait à aller porter un magnifique bracelet, chez une de ces femmes qui sont la honte de leur sexe...

ce bracelet avait été commandé par un beau jeune homme, ma foi, qui n'a pas non plus sans doute d'autre état que celui de mener joyeuse vie... ce jeune comte, car il est comte s'il vous plaît, se nomme M. de... de... Vil... Villetaneuse, je crois, — ajouta Joseph feignant de consulter ses souvenirs, et d'oublier que ce nom avait été prononcé durant l'entretien précédent par la mère d'Aurélie — oui, c'est bien cela... M. le comte de Villetaneuse... neveu d'un pair de France, par parenthèse?

—Quoi!— s'écria madame Jouffroy, — ce jeune homme qui a l'air si comme il faut? qui a été hier soir si aimable, si charmant pour nous?

— Le neveu de M. le marquis? ce vénérable homme qui trouve que Mimi ressemble à une duchesse? et fifille à une comtesse?

— Tout ce que je puis t'affirmer, mon ami — reprit Joseph en observant attentivement Aurélie, — c'est que ce matin, j'étais, je te le répète, dans l'atelier de Fortuné, lorsque le domestique d'un certain comte de Villetaneuse est venu recommander instamment de porter, avant midi, chez une madame de Morlac, un bracelet commandé la veille; M. le comte devant se trouver à l'heure en question chez cette femme qui n'est autre chose, que l'une de ces créatures que je ne me permettrai pas même de qualifier en présence d'Aurélie... Et voilà les dignes objets de l'amour de ces jolis messieurs... vous voyez comme ils placent leurs délicates et tendres affections... ce qui ne les empêche point d'ailleurs de se montrer très-galants, très-empressés auprès des honnêtes jeunes filles qu'ils rencontrent dans un bal, et de l'ingénuité desquelles ils se moquent sans doute ensuite fort agréablement !

— En vérité, je n'en reviens pas — dit madame Jouffroy — un jeune homme de si bonnes manières avoir de pareilles liaisons !

—Que veux-tu, Mimi ? Les jeunes gens... dam... les jeunes gens du grand monde surtout... ça aime à passer la vie douce... Ah ! ce n'est pas notre pauvre Fortuné qui aurait de ces mauvaises connaissances-là.

Pendant que son père et sa mère s'exclamaient ainsi, et que le cousin Roussel l'observait d'un regard pénétrant, Aurélie rougissant, pâlissant tour-à-tour, crut qu'elle allait défaillir : elle sentit des larmes brûlantes lui venir aux yeux. Elle se trouvait heureusement auprès d'un paravent développé non loin d'une fenêtre ; elle se retourna vivement et parut s'approcher machinalement de la croisée et y demeura quelques instants.

Hélas ! la pauvre enfant ne pouvait plus se faire illusion sur ses sentiments au sujet de M. de Villetaneuse. Déjà la veille en le voyant au bras de madame de Bayeul, et éprouvant l'amertume d'une vague jalousie, elle avait quitté le bal. Mais pouvait-elle comparer ce mouvement de dépit à la douleur qui la navrait en apprenant l'amour de M. de Villetaneuse pour une femme perdue ! Lui... lui dont le souvenir l'obsédait malgré elle : lui qui, ce matin là, à ce moment même, où elle se livrait à ces poignantes réflexions, se trouvait sans doute auprès de cette vile créature...

La honte, la colère, montèrent au front

de la jeune fille; elle détesta sa faiblesse, elle se promit fermement, sincèrement de chasser de son cœur et de son esprit des pensées indignes d'elle, et puisant un grand courage dans sa résolution, *renfonçant* ses larmes, ainsi que l'on dit vulgairement, se croyant sûre d'elle-même, elle quitta la fenêtre et l'abri du paravent, afin de se rapprocher de son père et de sa mère. Ceux-ci, peu pénétrants, n'avaient nullement remarqué la passagère émotion de leur fille, mais Joseph ne l'ayant pas quittée des yeux devina les secrets ressentiments dont elle était agitée, augurant de mieux en mieux pour ses projets, et relevant l'entretien un moment interrompu :

— Ta tante et moi, nous te disions tout à l'heure, ma chère Aurélie, que l'oisiveté en ménage était chose fâcheuse, et qu'épouser un beau jeune homme *sans état*, c'était pour une femme s'exposer souvent à des mécomptes, à des chagrins presque certains?

— Oui, — répondit la jeune fille, d'une

voix assez ferme, — vous me disiez cela, cousin Roussel.

— Hé bien !... voilà justement mon exemple tout trouvé, mon enfant, supposons, et c'est là, je le déclare d'avance, une supposition parfaitement absurde... mais enfin... elle m'est nécessaire... Supposons, dis-je, que voulant te marier à un homme qui flatte ton amour-propre... et n'ait pas d'autre occupation que celle d'être amoureux de toi... tu aies, hier à ce bal, remarqué M. de Villetaneuse, fort aimable, fort joli garçon, dit-on, et qui s'est montré fort galant pour toi, supposons enfin, que séduite par sa figure, par son esprit... que sais-je... peut-être aussi par son titre de comte... tu te sois dit : Voilà le mari qui me conviendrait. »

— Non ? — reprit Aurélie d'une voix légèrement altérée, — allons, vous plaisantez, cousin Roussel.

— Ah ! ah ! ah ! merci du peu, Joseph ! comme tu y vas ! Fifille comtesse ! Tu te moques de nous ! tu sais bien qu'un pareil mariage est impossible... nous ne sommes que des bons bourgeois, des négociants retirés.

— Des pleutres d'honnêtes gens ! — reprit la tante Prudence en tricotant à outrance, — des je ne sais qui... des croquans qui ont eu l'impertinence de gagner leur fortune en travaillant.

— Je vous répète, mes amis, — dit Joseph, — que je partais d'une supposition parfaitement absurde.

— Pas déjà tant absurde en cela que M. le comte a positivement dit à ma fille qu'elle ressemblait comme deux gouttes d'eau à une jeune comtesse fort à la mode, — reprit madame Jouffroy avec une suffisance qui faillit faire sortir la tante Prudence de la réserve qu'elle s'imposait à l'égard de sa belle-sœur depuis la trêve conclue entre elles, — je ne vois donc pas ce qu'il y a de plus absurde à supposer qu'Aurélie puisse épouser un comte et même un duc... Elle est assez belle pour cela ?

La tante Prudence se dédommagea de son mutisme obligé en se grattant avec fureur la tempe droite du bout de son aiguille à tricoter, tandis qu'Aurélie répondait avec une amertume contenue :

— Rassurez-vous, maman, je ne prends pas au sérieux les plaisanteries de notre cousin... Il me suppose une ambition que je n'ai pas...

— Mais que tu pourrais avoir, ma fille... c'est moi qui te le dis, tu peux prétendre à tout... tu serais duchesse... princesse... si les titres se mesuraient à la beauté... Je ne sors pas de là.

— Hé bien ! alors, *duchesse Mimi,* — reprit gaîment M. Jouffroy faisant allusion à l'autre ressemblance imaginée par le marquis de Villetaneuse, — laisse donc parler Joseph... il suppose fifille comtesse... et il part de là... du pied gauche.

— Veux-tu, ma chère Aurélie, — continua le cousin Roussel, — que je te tire à peu près l'horoscope d'un pareil mariage?

— Voyons, — dit M. Jouffroy, — voyons l'horoscope, seigneur Rotomago ?

— M. le comte a, je ne sais pourquoi ni comment, consenti à épouser une petite bourgeoise belle comme le jour à la vérité, fort bien dotée, c'est encore vrai...

— Mais dont le père aunait de la soie à son comptoir de la rue Quincampoix, — — ajouta la vieille fille, — et ce sont là de ces bassesses que l'on ne pardonne point à l'épousée... si charmante qu'elle soit.

— La tante Prudence n'a que trop raison, — reprit Joseph, — or, M. le comte qui fait cadeau de magnifiques bracelets à une donzelle qui le mène sans doute par le nez, épouse la dot avec la petite bourgeoise par-dessus le marché, continue en secret sa liaison avec la donzelle, mène grand train, joue gros jeu... régale ses amis, et si sa femme s'avise de se plaindre, il lui dit du haut de sa cravatte et de sa noblesse : « Qu'est-ce que c'est que ça, « ma chère? De quoi vous plaignez-vous? « Est-ce que je ne vous ai pas décrassée, « en vous faisant comtesse? »

— Hélas!.. notre cousin dit vrai, — pensait Aurélie, ramenée à son bon sens naturel que les déplorables extravagances de sa mère avaient souvent égaré, mais non foncièrement perverti. — Allons... du courage... oublions... oublions... il aime cette créature... et ne l'eût-il pas aimée, pouvais-je seulement rêver un pareil mariage... Non, non, quoique dise ma mère sur les prétentions que je dois avoir... sa tendresse pour moi l'aveugle...

— Ah çà, mais un instant, Joseph, tu vas... tu vas et tu oublies dans ta supposition que nous serions là, Mimi et moi, pour empêcher que l'on ne rendît notre enfant malheureuse, et cela ne se passerait pas ainsi, sac à papier !

— Oh ! oh ! te voilà bien crâne, mon vieil ami? Et comment diable t'y prendrais-tu pour empêcher M. le comte d'en agir à sa guise ?

— D'abord, cousin Roussel, — dit impatiemment madame Jouffroy, — vous voyez tout en noir...

— Quant à cela, Mimi, entendons-nous? Nous avons eu longtemps pour pratique, et je dois ajouter pour excellente pratique, cette demoiselle de l'Opéra dont le galant était je ne sais plus quel duc, son intendant venait toujours nous solder les comptes de la demoiselle en question... et cependant M. le duc avait pour femme une jeune et jolie personne.

— Je ne vois pas tout en noir, cousine, — reprit Joseph, — vous rencontrez hier un charmant jeune homme, vous nous faites son éloge, et trompée, séduite comme vous, par de gracieuses apparences, Aurélie se dit : (toujours selon ma supposition) Voilà le mari qui me plairait, je pousse ma supposition à l'extrême, Aurélie épouse ce charmant jeune homme, et il se trouve que fieffé libertin... il la rend fort malheureuse.

— Mais encore une fois, Joseph, nous sommes là, et je dis à M. le comte : — « Monsieur mon gendre, je ne vous ai pas « donné Fifille pour que vous la rendiez « malheureuse... Ah ! mais non ? Voyez-« vous, apprenez cela... » Sans compter que ma femme qui n'y va pas de main-morte, vous le houspillerait joliment, monsieur le comte ? N'est-ce pas, Mimi, tu lui ferais les gros yeux ?

— Jour de Dieu ! Oh ! oui, il aurait affaire à moi... celui-là qui causerait du chagrin à ma fille.

— Pauvres amis, — reprit Joseph, — malgré vos remontrances et les gros yeux de ma cousine, savez-vous ce que vous répondrait M. le comte, toujours du haut de sa cravatte et de sa noblesse? — « Qu'est-« ce que c'est que ça, bonnes gens? Est-ce « que je suis en tutelle? Est-ce que je ne « peux pas vivre comme il me convient? « Est-ce que vous vous imaginez que je « vous permettrai de me faire des remon-« trances chez moi?

— Mais je suis le père de ma fille? quand le diable y serait, et un père... a bien le droit...

— Le droit... de quoi, — reprit la tante Prudence en haussant les épaules, — hormis le cas où ton gendre battrait ta fille... et en ce cas là seulement, tu pourrais te joindre à elle pour demander une séparation... tu n'as pas le droit de souffler mot, ton gendre est maître chez lui, et il t'enverra promener? Est-ce qu'il n'y a pas mille manières de faire le malheur d'une femme sans la battre...

— Mais pourquoi voulez-vous donc que l'on rende Aurélie malheureuse? — reprit madame Jouffroy, — belle et douce comme elle est, il faudrait être un monstre pour la tourmenter.

— Oui un monstre dénaturé. Il ne faut pas non plus, ma sœur, toujours croire à la mauvaiseté des gens...

— Mon frère... une jeune personne qui se marie hors de sa condition, son mari ne fut-il pas un méchant homme, s'expose presque assurément à des déceptions, à des mépris, à des chagrins sans nombre ; elle arrive dans un monde qui n'est point le sien... plus elle est belle, plus elle est jalousée par les grandes dames qui la regardent comme une intruse, comme une impertinente petite bourgeoise ; elles lui font durement sentir qu'en l'épousant, son mari s'est mésallié ; celui-ci souffre dans sa vanité des dédains dont sa femme est l'objet, et tôt ou tard, il se revenge sur elle de sa mésalliance.

— Tante Prudence, vous parlez comme un livre.

— C'est que dans un livre j'ai lu la comédie de *Georges Dandin*... cousin Roussel, et m'est avis que l'histoire de Georges

Dandin peut devenir celle de Georgette Dandine ; il y aurait fort à dire sur ce chapitre là, sans compter les autres ; ainsi, crois-moi, mon frère, nous sommes de bonnes gens, ne risquons point par sotte gloriole de donner à rire aux malicieux, et qui pis est, de nous rendre fort malheureux.

— Ah ! ma tante, — dit Aurélie à la vieille fille avec expansion, — combien vos paroles sont sages ! Oui ! oui ! vouloir se marier hors de sa condition, c'est s'exposer à des déceptions, à des mépris nâvrants... pour peu que l'on ait quelque fierté dans l'âme ?

— Bravo, Fifille, nous sommes de bonnes gens, restons entre bonnes gens... ma sœur l'a dit... et je dis comme elle... J'espère que te voilà joliment revenue de l'idée d'être comtesse, si tu l'avais eue cette idée baroque !

— Baroque, — grommela madame Jouffroy, — pas si baroque ! !

— Oui, Mimi, j'en suis pour ce que j'ai dit... Au diable les comtes et les marquis !

Vivent les bonnes gens! Voilà mon caractère!

— Rassurez-vous, mon père, — ajouta Aurélie avec une amertume contenue qui répondait à sa pensée secrète, — je n'exposerai jamais ni ceux que j'aime, ni moi... à des humiliations dont la seule idée me fait rougir.

A ce moment, l'on frappa doucement à la porte de la chambre.

— Qui est là? — demanda madame Jouffroy.

— Moi, maman, — répondit la voix de Marianne.

— Entre, mon enfant, — dit M. Jouffroy.

La jeune fille entra, et tout d'abord tâcha de deviner sur la physionomie de la tante Prudence, s'il y avait une décision prise au sujet de la proposition de Fortuné. La vieille fille comprit le regard de sa nièce et la rassura quelque peu, par un signe de tête négatif.

— Que veux-tu, Marianne?

— Maman, notre cousin Fortuné vient d'arriver... il...

— Dis-lui qu'il vienne, — reprit vivement Joseph, en interrompant la jeune fille, — qu'il vienne ici à l'instant.

Marianne craignant de trahir son trouble sortit aussitôt, et madame Jouffroy fort surprise, s'écria :

— Mais, cousin Roussel... Aurélie vous a dit... que...

— Mes amis, je conçois l'impatience de ce pauvre Fortuné... je l'avais prié de m'attendre chez moi, où je devais lui apprendre le résultat de ma démarche auprès de vous... il n'aura pu résister au désir de connaître votre résolution.

— Notre résolution est bien simple, Aurélie ne veut pas de lui pour mari.

— Alors, elle va lui notifier elle-même son refus, — répondit Joseph, — il faut avoir le courage de son opinion...

— Moi, — reprit vivement Aurélie, avec un accent d'affectueuse compassion, — je n'oserai jamais apprendre moi-même à ce pauvre Fortuné... que...

— Arrange - toi... — répondit Joseph, — le voici...

Et en effet, Fortuné Sauval entra dans la chambre où se trouvait réunie la famille.

XXVI

Fortuné, ainsi que le pressentait le cousin Roussel, n'avait pu maîtriser son anxieuse impatience, et surmontant sa timidité, il venait savoir son arrêt. Il entra lentement et d'un pas mal assuré. Sa pâleur, les angoisses qui se lisaient sur ses traits, la triste et douce résignation de son regard, frappèrent Aurélie, elle se sentit attendrie.

— Pauvre Fortuné! — pensait-elle, — le doute seul lui cause tant de chagrin... que sera-ce donc de la certitude...

Joseph jeta un regard narquois et presque triomphant sur la tante Prudence, qui paraissait inquiète et contrariée de l'arrivée inattendue de Fortuné, puis s'adressant à lui :

— Mon ami, l'on prétend que lorsqu'on a une bonne cause, elle n'est jamais mieux plaidée que par soi-même ; donc, en avant, ta cause est bonne, plaide-la.

— Assurément, nous avons beaucoup d'amitié pour toi, Fortuné, — ajouta M. Jouffroy, — nous connaissons tes excellentes qualités, sans compter que tu fais honneur, grand honneur à la famille... puisque tu es décoré... J'en suis tout fier, tout heureux, pour toi et pour nous... mais dam... c'est fifille qui se marie... c'est à elle de te répondre si elle veut ou non... t'épouser.

Fortuné se tournant alors vers sa cousine, dont l'embarras redoublait, lui dit avec un accent profondément pénétré :

— Aurélie, tu as mon sort entre tes mains...

— Je suis sans doute bien flattée de ce que tu aies songé à moi... — reprit la jeune fille en rougissant, — mais... mais... je ne désire pas encore me marier.

— Je comprends, — dit Fortuné en secouant la tête, tandis que de grosses larmes roulaient dans ses yeux, — cette réponse est un refus déguisé.

— Je... je... t'assure... que non... je te dis la vérité, — ajouta Aurélie en détournant la vue, car le regard de son cousin la nâvrait.

— Encore un mot, de grâce! — reprit l'orfèvre après quelques moments de silence. — Toi seule tu sais si je dois conserver quelque espérance... Je t'en conjure! au nom de notre amitié d'enfance... réponds-moi sincèrement... mais, avant de me répondre, laisse-moi te dire combien je t'aime, pourquoi je t'aime, et quelle vie je rêvais pour toi. Je t'aime de cœur depuis notre enfance, parce que j'ai pu apprécier tes qualités; je t'aime d'amour depuis que tu es jeune fille... parce que ta beauté est sans égale... Cet amour, confondu avec nos liens de parenté, me semblait si naturel, notre mariage si sortable, que... et en cela j'eus un grand tort... que je m'abandonnais sans inquiétude à ce doux sentiment, comme s'il eût été partagé par toi, Aurélie. Cette confiance ne naissait pas d'une ridicule assurance de moi-même; tu me connais, tu dois m'en croire, non, toute affection profonde se croit partagée; la mère qui aime son enfant; le frère qui aime sa sœur, ne doutent jamais, n'est-ce pas, de la tendresse de ceux qu'ils chérissent?

— Hé!... hé!... le plaidoyer ne commence pas mal, — dit tout bas le cousin Roussel à la vieille fille, — qu'en pensez-vous, tante Prudence?

—Laissez-moi tranquille, vilain homme. Je n'ai point envie de rire. Que Fortuné perde sa cause ou qu'il la gagne, il y aura toujours un malheureux.

Et la tante Prudence continua son tricot avec fureur, pendant que Fortuné poursuivait ainsi :

— Ma vie n'avait donc qu'un mobile, mon amour pour toi, Aurélie; mon amour n'avait qu'un but : notre mariage; je me suis mis à l'œuvre, me disant : je veux devenir l'un des premiers artistes de ma profession, afin de flatter le légitime orgueil de ma femme; je veux augmenter mon patrimoine par mon travail et par mon économie, afin que ma femme n'ait rien à désirer... A force de persévérance, je suis arrivé à mes fins. Mon patrimoine a presque doublé, et hier le prince Maximilien m'a remis, de la part du roi, la croix d'honneur. Je ne l'avais pas sollicitée... C'était la récompense de mes travaux. Tu vas sourire de ma naïveté, Aurélie, — ajouta Fortuné en souriant lui-même avec amertume, — lorsque j'ai reçu des mains du prince cette marque de distinction, je me suis involontairement écrié en regardant cette croix : l'heure de mon mariage est venue. Le prince, étonné de mes paroles, m'en a demandé l'explication, je la lui ai donnée. — « En ce cas, — « m'a-t-il dit, — puisque j'ai été assez heu- « reux, à mon insu, pour hâter l'heure « d'un mariage qui comble vos vœux, « faites-moi la grâce de m'accepter comme « l'un de vos témoins. »

— Le prince ! — s'écria madame Jouffroy avec une expression d'orgueil maternel. — Le prince t'a proposé d'être ton témoin ?

— Le prince ! — exclama aussi M. Jouffroy, — excusez du peu ! Entends-tu, fifille ?

— Et c'est un vrai prince, s'il vous plaît, — ajouta Joseph, — un prince de maison souveraine, que l'on appelle Monseigneur, votre Altesse... Notez cela, mes amis.

— Ce qui le fait probablement dîner deux fois, ce prince ! — marmotta la vieille fille. — A quand votre habit de cour, cousin Roussel ?

— Vous m'avez promis de rester neutre, — répondit tout bas Joseph ; — je crois à votre parole.

La tante Prudence ne souffla mot, mais se gratta la tempe droite de l'une de ses aiguilles à tricoter.

— Comment, Fortuné, — reprit Aurélie ; — ce prince... ce vrai prince, comme dit le cousin Roussel, t'a proposé d'être ton témoin ?

— Il voulait en cela me donner une preuve d'estime et d'affection, — répondit simplement le jeune artiste. Je crus la circonstance favorable, et je me décidai à demander ta main à tes parents ; hier, je me suis rendu ici dans cette intention, mais tu allais au bal avec ton père et ta mère; puis, je l'avoue? Cette demande m'avait jusqu'alors paru si simple, que dans mon aveuglement, je ne songeais pas à la possibilité d'un refus, et cependant, j'ai éprouvé une grande anxiété; j'ai prié notre cousin Roussel d'être mon interprète auprès de tes parents, il me l'a promis, et en me reconduisant chez moi, il m'a dit: « Tu aimes passion-« nément Aurélie; mais Aurélie, t'aime-« t-elle? Sait-elle que tu l'aimes? » Cette question, m'a confondu, atterré. Pour la première fois, j'ai pensé que tu pouvais ne pas m'aimer... Aurélie... Aussi... tu vas me prendre en grande dérision... — ajouta l'orfèvre avec une confusion touchante, sans pouvoir retenir ses larmes qui coulèrent sur ses joues pâles, — mais que veux-tu, je te dis la vérité.

— Me rire de toi, Fortuné, — reprit vivement Aurélie, de qui l'émotion augmentait à chaque instant. — Oh! non, je ne me ris pas de toi... tu as un si excellent cœur...

— C'est ma seule qualité, peut-être ; mais, hélas ! elle ne suffit pas toujours à se faire aimer.

— Tu peux en croire ta cousine, lorsqu'elle vante l'excellence de ton cœur, — ajouta Joseph, — tout à l'heure encore... elle nous a dit... et je l'en prends à témoin... « Que la femme que tu épou-
« serais, serait la plus heureuse des
« femmes... »

— Oui... fifille ! Fortuné, a dit cela... en propres termes.

— Tais-toi donc, Baptiste, — ajouta tout bas madame Jouffroy, — à quoi bon donner des espérances à ce pauvre garçon...

— Dam... Mimi, il me fend le cœur.

— Il serait vrai, Aurélie, — dit Fortuné avec une surprise touchante, où perçait un vague rayon d'espérance. — Tu crois que la femme que j'épouserai.... serait certaine d'être heureuse ?

— Je le crois !

Fortuné regarda sa cousine avec un redoublement de surprise et d'espérance...

puis, craignant de s'abandonner à une dernière illusion :

— Deux mots encore, Aurélie. En songeant au nouvel avenir que m'offrait ce mariage tant désiré par moi, en réfléchissant aux mille détails de notre existence; j'avais supposé que, peut-être, il ne te conviendrait pas de tenir une boutique... Non que je te crusse trop fière pour te résigner à cette nécessité, puisque ton père, ta mère, et mes parents ont été boutiquiers. Mais tu es si belle! Aurélie, que ta beauté mise ainsi en évidence dans un comptoir, eût attiré mille ennuis à ta modestie; j'avais donc résolu de louer un joli appartement. L'un des salons devait être une sorte de musée d'orfèvrerie; là, tu aurais reçu mes clients, puisque mon travail me retient durant le jour à l'atelier; tes relations avec eux ne pouvaient être qu'agréables, ma clientèle appartenant à ce qu'on appelle : le grand monde; et toujours, je puis le dire sans orgueil, ma qualité d'artiste, et le soin que j'apporte à mes œuvres, m'ont valu beaucoup de considération... — Puis, s'interrompant, Fortuné ajouta avec accablement, — mais à quoi bon te parler de ces projets? je m'abandonne encore malgré moi à ces espérances qui charmaient ma vie... excuse-moi... Aurélie.

— Fortuné... je t'en prie... continue, — reprit la jeune fille de plus en plus pensive; — j'aime à t'entendre parler de ces projets.

— Cousine, — dit tout bas Joseph à madame Jouffroy? — Que pensez-vous d'une *boutique* dans le genre dc celle dont parle Fortuné?

— Cela vaut sans doute mieux qu'un comptoir; mais l'on est toujours aux ordres de la pratique...

— Ah! pauvre Marianne, — pensait de son côté la vieille fille en soupirant, — pauvre Marianne!...

— Mes projets, puisque tu veux bien que je te les fasse connaître, Aurélie, — poursuivit l'orfèvre, — mes projets tendaient tous au bonheur que je rêvais pour toi... ma vie eût été partagée entre notre affection, et mes travaux destinés à augmenter ta fortune, ton bien-être, et la considération dont nous aurions été de plus en plus entourés ; Je sais ta tendresse pour ton père et pour ta mère, je les aurais priés de venir habiter avec nous... Je... mais, tiens, Aurélie ; parler de ces projets, me brise maintenant le cœur, — ajouta Fortuné avec une douloureuse émotion. — Je ne te demande plus qu'une chose... et je m'adresse à cette amitié d'enfance sur laquelle du moins je peux compter... réponds-moi en toute sincérité... tu m'as dit tout à l'heure que tu refusais mes offres, parce que tu ne voulais pas encore te marier... Est-ce un refus absolu... affectueusement déguisé... ou bien m'est-il permis d'espérer qu'un jour... je pourrai prétendre à ta main? Je t'en conjure, réponds-moi? — Puis, s'adressant à M. et à madame Jouffroy : — Et vous aussi, mon oncle, qui aimiez tant ma mère... vous aussi, ma tante ; vous qui connaissez sans doute la secrète pensée d'Aurélie, dites-la moi... J'aurai du courage... ne me laissez pas la moindre illusion, si elle doit être déçue... Je saurai me résigner.

Fortuné ce disant, cacha sa figure dans son mouchoir et fondit en larmes.

XXVII

Aurélie en proie à une foule de pensées diverses avait écouté, avec autant d'intérêt que d'attendrissement, l'aveu et les projets de Fortuné Sauval, aveu, projets, qui témoignaient de son amour et de l'excellence de son cœur. Le sentiment dont il était profondément pénétré donnait à l'expression de ses traits, à l'accent de sa voix, un charme touchant et nouveau. La jeune fille ne reconnaissait plus, pour ainsi dire, son cousin, l'amour le transfigurait.

— Pauvre Fortuné, — pensait Aurélie, — combien sa physionomie est intéressante! comme il m'aime! quelle prévoyante tendresse est la sienne! avec quelle sollicitude il cherche à deviner mes désirs, mes convenances! Oh! oui elle sera heureuse la femme qui l'épousera! Et pourtant ce bonheur il dépend de moi de me l'assurer. De rendre ce pauvre Fortuné fou de joie! de suivre les sages conseils de ma tante! de me marier avec un homme de ma condition, de renoncer à de folles espérances... oui... bien folles... Ah! maudit soit le bal d'hier soir... sans les souvenirs qu'il m'a laissés... je consentirais, je crois, à ce mariage. — Puis ressentant de nouveau les angoisses du dépit, de l'indignation, de la jalousie.— Loin de moi ces souvenirs, — se dit-elle avec amertume,— souvenirs de honte et de mépris... Ce M. de Villetaneuse semblait hier s'occuper de moi... et il se raillait de la petite bourgeoise assez sotte pour prendre ses galanteries au sérieux... A cette heure, il est aux pieds de cette misérable créature! Elle est donc bien belle! Oh! je le déteste... je le hais... et s'il pouvait être chagrin de mon mariage avec Fortuné... je l'épouserais tout de suite... ce serait ma vengeance !

Pendant qu'Aurélie se livrait à ces pensées, sous prétexte de réfléchir aux offres de son cousin avant de lui donner une réponse définitive, Joseph observait attentivement la jeune fille, au milieu du silence de quelques instants dont avaient été suivies les dernières paroles de Fortuné, priant sa cousine et sa famille de lui faire connaître leur résolution. Joseph décidé à frapper un dernier coup, reprit comme s'il eut simplement voulu relever la conversation interrompue depuis quelques instants.

— Mon cher Fortuné, j'ai admiré ce matin, chez toi, un bracelet d'un travail merveilleux.

— Celui que le père Laurencin allait porter à... une certaine personne...

— Justement, — reprit le cousin Roussel en continuant d'observer Aurélie, — quel dommage qu'un pareil chef-d'œuvre soit destiné à une créature de cette espèce ; mais tels sont parfois les hommes... le vice les charme davantage que la candeur. Est-ce que tu l'as vue... la donzelle en question?

— Oui,— reprit impatiemment Fortuné qui, absorbé dans ses tristes pensées, trouvait étrange le sujet de conversation choisi par l'épicier en retraite;— oui, je l'ai vue... Elle est venue hier dans mon atelier avec le neveu d'un pair de France.

— Il faut qu'elle ait un grand empire sur ce monsieur pour l'obliger à se compromettre ainsi publiquement avec elle, — ajouta Joseph, sans quitter du regard Aurélie qui semblait au supplice; puis s'adressant à M. et à madame Jouffroy. — Hein! mes amis? sortir bras dessus, bras dessous avec une telle femme, faut-il qu'un homme se respecte peu...

— Ah! dam, — reprit M. Jouffroy, — c'est qu'une fois que ces coquines-là ont mis le grappin sur vous, on dit qu'elles vous tiennent solidement... et ne vous lâchent point...

— Quel dommage, — ajouta madame Jouffroy,—un si charmant jeune homme... C'est bien la peine d'être si aimable, si gracieux, et d'être *comte* par-dessus le marché, pour se laisser mener comme un nigaud par... Enfin... c'est indigne! Les hommes sont des monstres!

— Fortuné, — reprit Joseph, tandis que la tante Prudence, tricotant avec fureur, le foudroyait du regard, — cette donzelle doit être dans la fleur de la jeunesse, de la beauté... pour inspirer une si folle et si honteuse passion à ce Monsieur?

— Mon Dieu! — reprit l'orfèvre avec un redoublement d'impatience, — je l'ai à peine regardée... elle m'a paru avoir environ trente ans...

— Une femme de trente ans! — s'écria Joseph, — elle a douze ou treize ans de plus qu'Aurélie!.. Et voilà ce tendron par qui ce Monsieur se laisse ruiner, duper, berner! Voilà l'estimable personne avec laquelle il se montre publiquement ni plus ni moins que s'il était son mari... Combien il sera flatteur pour l'honnête femme qui épousera ce Monsieur, de sortir avec lui, de s'appuyer sur ce bras où s'est appuyée cette drôlesse... Mais dis-moi, mon garçon, est-elle brune ou blonde?

— Ah! mon cousin, pouvez-vous me

parler de choses si indifférentes, lorsque vous voyez avec quelle angoisse j'attends la réponse d'Aurélie... Hélas ! elle se tait... elle craint par bonté d'âme de briser ma dernière espérance... J'ai compris son silence... il m'en dit assez !

— Fortuné ! — dit précipitamment Aurélie, comme si elle eût cherché à s'étourdir sur le solennel engagement qu'elle prenait, — tu es le plus digne cœur que je connaisse... tu seras mon mari si mon père et ma mère y consentent !

— Si nous y consentons ! — s'écria M. Jouffroy, les larmes aux yeux et se levant pour se jeter au cou de sa fille. — Ah ! mon enfant, tu me combles de joie !

— Enfin ! — dit Joseph, — ce n'est pas sans peine. Hé bien ! tante Prudence ?

— Pauvre Marianne... pauvre Fortuné, — pensait la vieille fille. — Je comprends tout... Aurélie se marie par dépit... malheur à cette union !

— Quoi ! ma fille, tu épouses ton cousin ? — dit enfin madame Jouffroy, si abasourdie de la résolution d'Aurélie, qu'elle n'avait pu d'abord trouver une parole ; — mais tu n'y penses pas ! toi qui peux prétendre à tout... tu vas...

— Mon Dieu ! — s'écria le cousin Roussel, en voyant Fortuné pâlir et se renverser malgré lui sur le dossier de sa chaise, — le pauvre garçon ne peut résister à tant de bonheur ! il tombe en défaillance !

A ces mots, M. Jouffroy, qui tenait sa fille encore embrassée, se retourna et vit en effet le jeune artiste, qui pâle, la figure inondée de larmes, et soutenu par le cousin Roussel, succombait à sa trop vive émotion et ne pouvant parler, suffoqué par la joie... élevait ses deux mains jointes vers Aurélie, avec un sourire de reconnaissance ineffable.

— Cher Fortuné, quelle sensibilité ! combien il m'aime, — se disait la jeune fille en se rapprochant de son cousin, — moi aussi je l'aimerai... moi aussi je l'aime... Ah ! ce n'est pas lui qui m'aurait préféré à une courtisanne de trente ans !

— Mais il faudrait lui faire respirer un peu d'eau de cologne : — s'écria M. Jouffroy, aidant Joseph à soutenir Fortuné ; — Mimi, sonne donc Jeannette !

Madame Jouffroy, stupéfaite et désespérée de voir ses folles prétentions maternelles ruinées par la sage détermination d'Aurélie, ne bougea pas. La tante Prudence agita vivement la sonnette, se disant :

— Maudit mariage... il ne fera que des malheureux !

Marianne entendant au dehors les tintements précipités de la sonnette, s'inquiéta, et dans son empressement habituel, accourut, devança la servante, et ouvrit brusquement la porte en s'écriant avec anxiété.

— Maman... Qu'y a-t-il donc?

— Je t'en prie, — lui dit Aurélie, — va vîte ehercher de l'eau de Cologne... — et au moment où Marianne s'encourait, sa sœur la retint par la main : Non... c'est inutile... vois, sa défaillance a passé, — ajouta-t-elle, en lui désignant Fortuné d'un coup d'œil. — Ah! petite-sœur, si tu savais comme il m'aime!

A ces mots, le cœur de Marianne se brisa; sa présence d'esprit l'abandonnant, elle allait fuir, éperdue, de cette chambre, afin de cacher ses larmes, lorsque la tante Prudence qui la suivait du regard, s'approcha d'elle, lui serra la main sans être vue, et lui dit à l'oreille :

— Courage... pauvre enfant... courage!

Ces paroles amies reconfortèrent Marianne; elle domina son désespoir, et muette, immobile, elle vit Fortuné se jeter aux pieds de sa fiancée, lui disant d'une voix palpitante, enivrée :

— Aurélie... l'ai-je bien entendu... oh! ma vie... ma vie entière à toi... pardonne à ma faiblesse... Mais, au moment où je n'espérais plus... oh! tant de félicité, c'était trop!! dis, c'est bien vrai... ce n'est pas une illusion... tu consens à notre mariage?

— Oui!.. oui, — répondit la jeune fille avec effusion, — oui, j'y consens.... j'y consens de grand cœur, pour ton bonheur et pour le mien!

— Marianne, embrasse donc ta sœur, — s'écria M. Jouffroy, — prends donc aussi ta bonne part de notre bonheur à tous!

Marianne se soutenant à peine, mais encouragée par un regard de la tante

Prudence, s'approchait d'Aurélie que Fortuné contemplait avec idolâtrie, lorsque Jeannette, la servante, entra, tenant à la main une carte de visite, et dit à sa maîtresse :

— Madame, il y a là un monsieur qui désire vous parler tout de suite ; voici sa carte :

— Ce monsieur désire me parler à moi? — répondit madame Jouffroy assez surprise et en prenant la carte de visite. Mais, à peine y eut-elle jeté les yeux, qu'elle ne put retenir une exclamation ; puis, après avoir avec tous les signes d'un étonnement allant jusqu'à la stupeur, lu et relu quelques mots écrits au crayon sur cette carte ; madame Jouffroy tressaillit à une pensée soudaine, perdit complètement la tête, et s'écria :

— Aurélie, Prudence, Marianne, Fortuné ; laissez-nous !! — et s'adressant à la servante, — priez ce monsieur de vouloir bien se donner la peine d'attendre un moment...

— Oui ! madame.

— Où est-il ?

— Dans l'antichambre!

— Dans l'antichambre... sotte que vous êtes!.. faites-le tout de suite entrer au salon... — et se parlant à elle-même, — quel dommage que l'on n'ait pas eu le temps d'ôter les housses des meubles! Puis elle reprit, d'un air effaré; — Jeannette, faites tout de suite bon feu dans le salon... dès que ce monsieur y sera entré...

— Mais madame sait bien que ça fume beaucoup dans le salon, quand on commence à y allumer le feu, — répondit la servante, — et je...

— Sortez, et faites ce qu'on vous ordonne! — ajouta madame Jouffroy, de cette voix impérieuse et virile à laquelle toute la maison était accoutumée d'obéir; les membres de la famille, si brusquement congédiés, restaient néanmoins dans l'appartement, se demandant du regard la cause imprévue de l'agitation de madame Jouffroy; elle leur dit — impatiemment : — Mais, allez-vous en donc! — Et cédant à une sorte d'enivrement inexplicable pour les témoins de cette scène, elle prit entre ses deux mains la tête d'Aurélie, la baisa plusieurs fois sur le front avec une folle tendresse, et dit aux autres membres de la famille ; — laissez-nous...

— Mais, Mimi, — reprit enfin timidement M. Jouffroy, car il voyait, ainsi qu'il le disait : Mimi *très-montée*, — explique-nous...

— Je m'expliquerai, quand nous serons seuls ; — et elle ajouta impétueusement : — Mais, pour l'amour de Dieu ! allez-vous-en donc... Vous saurez, je vous répète, que j'ai à causer avec mon mari.

— Ma tante... ou plutôt : ma mère ; — dit Fortuné dans l'ivresse de son bonheur ! — j'espère dans quelques instants pouvoir vous...

— Mais, laisse-moi donc tranquille ! j'ai bien le temps, ma foi, d'écouter tes sornettes ! — s'écria-t-elle en frappant du pied avec colère, et poussant par l'épaule Fortuné hors de la chambre, d'où étaient déjà sorties les autres personnes de la famille, ne comprenant rien à ce qui se passait.

XXVIII

Madame Jouffroy n'avait pas songé à désigner le cousin Roussel parmi les personnes qu'elle engageait à se retirer. Quoiqu'il attribuât cette exception au hasard d'un oubli, il se promit d'en profiter. Pressentant quelque grave incident, il se tint donc discrètement à l'abri du paravent placé près de l'une des fenêtres. Madame Jouffroy, dans son effarement, ne s'apercevant pas d'abord de la présence de Joseph, s'écria dès qu'elle fut seule avec son mari :

— Sais-tu quel est ce monsieur qui vient de nous envoyer sa carte... c'est le marquis !

— Quoi? — demanda l'excellent homme abasourdi — Quel marquis... Mimi!

— Celui d'hier!

— Celui d'hier?

— Oui, le marquis de Villetaneuse que nous avons rencontré chez les Richardet! Tu as l'air d'un ahuri...

— Mais dam... tu es rouge comme un coq... tu as l'air d'étouffer dans ta robe... tu fais retirer tout le monde... et moi je...

— Ecoute bien, voilà ce que M. le marquis a écrit au crayon sur sa carte, au-dessous de son nom et de son titre, de sorte que c'est comme s'il y avait:

— *M. le marquis de Villetaneuse, pair de France.*

Et elle répéta avec emphase:

— Pair de France! *a l'honneur de prier...*

Et se rengorgeant plus encore:

— Hem... avec quelle exquise politesse il nous traite!.. *a l'honneur de prier madame et monsieur Jouffroy de vouloir bien lui faire la grâce...* lui faire la grâce, — répéta madame Jouffroy suffoquée, — lui faire la grâce!! Entends-tu?... Monsieur le marquis veut bien demander une grâce, à des gens comme nous ! C'est une grâce que nous lui accordons... en la recevant !

— Le fait est, Mimi que l'on ne saurait être plus poli, ces gens du grand monde vous ont une manière de tourner les choses...

.... — *De lui faire la grâce de lui accorder un moment d'entretien.* Mais ceci n'est rien encore... écoute la suite, Baptiste...

Et elle continua en prononçant lentement et scindant pour ainsi dire chaque syllabe de ces derniers mots.

AU SU... JET D'UNE... COMMU... NI ..CA... TION... TRÈS-IMPORTANTE !!! — Comprends-tu ? — Reprit-elle d'une voix palpitante, — une communication très-importante...

— Je comprends bien... c'est très-clair, mais quelle diable de communication M. le marquis peut-il avoir à nous faire ?..

— Mon ami ! cette communication... si c'était... non, non... ce serait trop beau... et pourtant cette pensée m'était venue tout à l'heure... en recevant cette carte... Pourquoi pas... ma fille peut bien... Mais non... je m'abuse... et pourtant... Ah ! ce serait à en perdre la tête... Je crois que j'en deviendrai folle...

— Sophie... calme-toi... tu m'inquiètes... tu ne prononces pas deux paroles de suite... tu sues à grosses gouttes... te voilà en nage, explique-toi... — et s'interrompant. — Ah ! mon Dieu... est-ce qu'il y aurait le feu quelque part... comme ça sent la fumée...

— C'est le feu du salon que l'on allume ! cette sotte de Jeannette n'en fait jamais d'autres ! Elle est capable d'enfumer M. le marquis... c'est désespérant... maudite cheminée ! Pourvu que cette imbécille de Jeannette ait eu la précaution d'ouvrir les fenêtres... — Puis courant à son armoire à glace, — heureusement je suis habillée... je vais seulement changer de bonnet...

Madame Jouffroy choisit à la hâte dans ses cartons un bonnet richement garni de dentelles, dont elle s'attifa précipitamment tandis que son mari restait muet et de plus en plus ébahi.

Le cousin Roussel, plus pénétrant et aussi surpris qu'inquiété de la singulière visite du marquis de Villetaneuse, crut devoir révéler sa présence jusqu'alors inaperçue, et s'avançant au milieu de la chambre dit avec une bonhomie parfaite :

— Tu as raison, Baptiste... Il y a ici une odeur de fumée insupportable.

— Quoi! — s'écria madame Jouffroy de fort méchante humeur en se retournant vers Joseph. — Vous étiez là...

— Sans doute, cousine... J'étais là.

— En vérité vous êtes d'une indiscrétion...

— Pardon, cousine, vous avez engagé tout le monde à sortir sauf moi.

— C'est impossible...

— Je t'assure, Mimi que tu n'as pas prononcé le nom de Joseph parmi les *exclus;* mais je ne le savais pas là...

— Ceci n'empêche point que Monsieur ne soit resté caché derrière le paravent afin d'écouter ce que nous disions... c'est indigne !

—Allons, Mimi, ne t'emportes pas, tu vas être cramoisie quand nous allons nous présenter devant M. le marquis — et M. Jouffroy ajouta en toussant : — Voilà la fumée qui entre ici... Il faut que Jeannette n'ait pas ouvert les fenêtres du salon. M. le marquis va être enfumé comme un jambon.

— En vérité, tu me fais bouillir le sang dans les veines avec tes réflexions; allons bien vite le rejoindre, je m'excuserai de mon mieux au sujet de cette maudite cheminée.

Et madame Jouffroy, tout effarée, sortit précipitamment de la chambre à coucher suivie de son mari, qui dit à demi-voix au cousin Roussel :

— Mimi est décidément *montée*. M. le marquis choisit bien mal son temps, il vient couper tout net notre joie de famille... Heureusement les morceaux en sont bons ! — ajouta gaîment M. Jouffroy. — Fortuné doit-il en ce moment en compter à Fifille des fleurettes d'amoureux !

Joseph et son ami avaient quitté la chambre à coucher, séparée du salon par un étroit couloir déjà envahi par une épaisse fumée. Malgré son désir de connaître l'objet de la visite du marquis, visite dont il s'inquiétait vaguement, Joseph ne savait trop comment arriver à ses fins. Il cherchait le moyen de satisfaire sa curiosité, lorsque madame Jouffroy, ayant ouvert l'une des portes du salon qui communiquait au couloir, se vit au milieu d'un tourbillon de fumée, s'arrêta au seuil de l'appartement et s'écria :

— Ah ! mon Dieu... l'on ne distingue rien à deux pas dans le salon, monsieur le marquis, est-ce que vous êtes encore là ?

— Oui... hum !... hum !.. oui, belle dame, — répondit, du sein de cette noire vapeur, la voix du marquis invisible et qui toussait affreusement. — Il fume un peu dans ce salon... hnm !... hum !... et je me suis permis d'ouvrir une fenêtre... hum ! hum !... mais le vent rabat... hum !... hum !... toute la fumée dans l'appartement.

— Ah ! monsieur le marquis,... que... que... hum ! hum !... que d'excuses j'ai à...

Mais madame Jouffroy n'acheva pas, et à demi suffoquée, elle commença aussi de tousser d'une force à s'étrangler. Cependant elle parvint à articuler :

— ... Que d'excuses j'ai à vous faire !

— Mon seul regret... hum !... hum !... — reprit M. de Villetaneuse, — est de ne pouvoir en ce moment, belle dame, hum! hum!... avoir le plaisir de vous apercevoir distinctement, car je suis complètement aveuglé...

— Mais il y a un moyen bien simple, ma cousine, de dissiper la fumée, c'est d'ouvrir toutes les portes, toutes les fenêtres, — dit Joseph ; — c'est ce que je vais faire...

Et il se précipita *héroïquement* dans le salon, espérant ainsi rentrer en grâce auprès de la maîtresse de la maison, et peut-être assister à l'entretien sollicité par le marquis.

— Dépêchez-vous, cousin Roussel, — avait répondu madame Jouffroy ; puis elle ajouta, toujours à l'aveuglette : — Ah ! monsieur le marquis... combien je vous demande pardon...

— Il fait un tel vent... hum!... hum!... que toutes les cheminées fument abominablement, — répondit courtoisement le vieillard. — Ce matin, chez moi, j'étais aussi empesté de fumée...

— Ah ! monsieur, vous êtes fort aimable... vous dites cela pour nous consoler. .

— Pas du tout, belle dame, pas du tout.

Mais voici ces vilains jaloux de nuages, qui heureusement se dissipent et me permettent enfin, madame. d'avoir l'honneur de vous voir... c'est le mot... et de déposer à vos pieds mes respectueux hommages.

Les noires vapeurs chassées par l'action des courants d'air, nos personnages réunis dans le salon purent enfin se contempler face à face. M. de Villetaneuse vêtu de noir, chaussé de bas de soie, portait au côté gauche de son habit la plaque de grand officier de la Légion-d'Honneur, et la plaque d'un ordre étranger dont le grand cordon vert liseré d'orange tranchait sur la blancheur de son gilet. D'habitude l'on ne se décore jamais le matin de ces insignes honorifiques ; mais l'effet de cette exhibition était calculé par le vieillard : ses prévisions ne le trompèrent pas, car profitant d'un moment où il toussait en écarquillant ses petits yeux rougis par la fumée, madame Jouffroy dit tout bas à son mari :

— Vois donc ! monsieur le marquis a deux crachats et un grand cordon... et nous lui accordons la *grâce* d'un entretien !

— Et malgré ses crachats et son grand cordon, nous l'avons enfumé comme un renard dans son terrier... il a heureusement très bien pris la chose... mais que diable peut-il avoir à nous communiquer ?

— Nous allons le savoir...

Le cousin Roussel dans l'espoir de faire tolérer sa présence en se rendant utile, venait de fermer les fenêtres et les portes, attisait le feu, approchait les fauteuils de la cheminée : il engagea même la conversation avec le marquis, lui disant :

— Approchez-vous du feu, monsieur, ces courants d'air ont dû vous refroidir.

— Nullement, mon cher monsieur, nullement, — répondit M. de Villetaneuse en grelottant et essuyant ses yeux cuisants et larmoyants encore, — la maîtresse de céans s'est excusée d'une manière si aimable de l'inconvénient de cette cheminée, que, d'honneur ! je serais maintenant aux regrets qu'il n'eût point fumé dans ce salon...

— Ah ! monsieur le marquis, c'est par

trop de bonté, il est impossible d'être plus indulgent.

—Que veux-tu, Mimi, monsieur sait bien que nous ne sommes pas dans la cheminée et que ce n'est pas notre faute... si...

— Cousin Roussel, — dit madame Jouffroy interrompant son mari et voyant avec surprise Joseph s'établir sournoisement dans un fauteuil assez éloigné de la cheminée. — Cousin Roussel... pardon... mais nous avons à causer avec M. le marquis...

M. de Villetaneuse jetant un regard pénétrant sur l'épicier en retraite et trouvant ses traits parfaitement débonnaires, crut jouer un coup de maître en s'assurant d'un auxiliaire, et au moment où Joseph, fort contrarié, quittait lentement son siége, le vieillard indiquant du regard le cousin Roussel :

— Monsieur a l'honneur d'appartenir à votre famille, madame ?

— Oui monsieur le marquis.

— Roussel est mon camarade d'enfance et mon parent, — ajouta M. Jouffroy. —

En un mot, c'est le meilleur ami de la famille.

— En ce cas, — reprit M. de Villetaneuse, — je serais enchanté que monsieur voulût bien assister à notre entretien, si toutefois, belle dame, vous y consentez, — ajouta galamment le vieillard ; — vous êtes reine dans votre salon... — Puis s'interrompant : — En vérité madame... et je vous demande un million de pardons, mais cette ressemblance dont j'avais l'honneur de vous parler hier soir, est si extraordinaire qu'elle me distrait malgré moi, et en vous parlant, je suis à chaque instant sur le point de vous dire : ma chère duchesse...

— Dites, monsieur le marquis, ne vous gênez pas ? ma femme ne se croira point offensée... au contraire...

— Encore... s'il s'agissait seulement d'une ressemblance de figure, ma surprise serait moins grande, — reprit M. de Villetaneuse, — mais, non, c'est tout à fait la noble tournure de cette chère duchesse...

— Ah monsieur le marquis, vous me confusionnez... vous me flattez...

— Non madame, non je ne vous flatte point, vous avez le même port de tête, le même grand air que cette chère duchesse ; mais me voici un peu familiarisé avec cette ressemblance, je puis donc maintenant répondre de ne plus céder à de nouvelles distractions... et j'arriverai à l'objet important qui m'amène chez vous, madame.

Et le vieillard, s'interrompant, parut se recueillir pendant un moment.

Madame Jouffroy se gonflant, se rengorgeant, triomphant de ressembler si fort à une duchesse, oubliait dans ses ravissements le cousin Roussel sur l'exclusion de qui elle n'eût pas d'ailleurs insisté après les paroles de M. de Villetaneuse à ce sujet, plus que jamais, Joseph se félicitait d'assister à cette conférence dont le but commençait de lui devenir d'autant plus suspect, que les flatteries du vieillard à l'endroit de la mère d'Aurélie étaient plus ridicules et plus grossières.

XXIX

M. le marquis de Villetaneuse, après un instant de réflexion, reprit d'un air grave et solennel.

— Madame, je suis vieux, je suis garçon... et bientôt... — ajouta le vieillard avec un accent mélancolique, — je ne serai plus de ce monde... ma chère madame...

— Ah! monsieur le marquis, espérons que vous vous conserverez au contraire longtemps pour vos amis...

— Mimi a raison, vous paraissez ma foi encore très vert, et puis vous êtes un peu *sécot*... et les sécots...

— Mon ami, mets donc une bûche au feu, — se hâta de dire madame Jouffroy, afin de couper court aux réflexions physiologiques de son mari sur les sécots...

— Où diable veut en venir cet homme à crachats et à grands cordons, il a l'air malin et rusé comme un vieux singe, — pensait Joseph, — je me défie de ses pitoyables amorces au sujet de la ressemblance de ma cousine avec une duchesse...

— J'avais donc, belle dame, l'honneur de vous dire que j'étais garçon et vieux garçon, s'il me reste quelques années à vivre... j'accepte votre heureux augure, ces années ne prolongeront pas de beaucoup mon existence, et, chef de ma maison, je ne voudrais pas quitter cette vie, sans être certain que le nom de ma famille ne s'éteindra point... et hélas! il risque fort de s'éteindre, ce nom, j'oserai dire glorieux, qui remonte au temps des croisades.

— Au temps des croisades! monsieur le marquis. Tu entends, Baptiste?.. au temps des croisades...

— Oui, Mimi... c'était probablement du temps de la romance: *Partant pour la Syrie... le jeune et beau Dunois... venait prier sa mie de...*

— Justement, mon cher Monsieur, vos souvenirs historiques vous servent à merveille... J'ajouterai, belle dame, que : Humbert IV, sire de Villetaneuse, l'un de mes aïeux, accompagnaît en l'an onze cent, il y a sept cents ans de cela, comme vous voyez, accompagnait, dis-je, à la tête des hommes d'armes de sa seigneurie, le duc d'Aquitaine à la croisade. Ajouterai-je que depuis des siècles, notre maison s'est alliée aux plus grandes, aux plus illustres familles de France, et que nous comptons parmi nos ancêtres des lieutenants-généraux, des cardinaux, des ambassadeurs, des maréchaux de France ?

— Des cardinaux, des maréchaux de France!

— Oui, belle dame, je posséde le portrait de mon trisaïeul, le maréchal marquis de Villetaneuse... Mais, hélas!.. à quoi bon tant d'illustrations si notre nom doit s'éteindre.

— Et pourquoi votre famille s'éteindrait-elle donc, monsieur le marquis, n'avez-vous pas un neveu ?

— Oui, Madame, j'ai un neveu, j'ai le

bonheur d'avoir un neveu, le plus charmant garçon du monde ; je l'aime comme mon fils, je lui laisserai ma fortune, toute ma fortune... et après moi il deviendra chef de notre maison, marquis de Villetaneuse : sans compter que le roi, qui veut bien avoir quelques bontés pour moi, m'a formellement promis que mon neveu me remplacerait à la chambre des pairs... Hé bien ! croiriez-vous, belle dame, qu'avec tous ces avantages-là, mon neveu n'a pas voulu jusqu'ici se marier...

— Ah ! vieux renard, — se dit Joseph. — Enfin je devine où tu veux en venir... mais je suis là.

— Ce ne sont pas les occasions qui ont dû cependant manquer à M. le comte pour se marier ? — reprit madame Jouffroy, dont le cœur battait violemment et qui commençait à avoir des éblouissements. — Un jeune homme si aimable, si joli garçon, comte pour le présent, marquis et pair de France plus tard... il ne devait avoir que l'embarras du choix.

— C'est la vérité, Madame... il a refusé

dernièrement encore la fille de la princesse de Maillebois...

— Refuser la fille d'une princesse; tu entends, mon ami... la fille d'une princesse.

— Dam... Mimi... ça prouve que M. le comte est difficile, — et il ajouta mentalement: — ces jeunes libertins aiment mieux courir le guilledou que de se marier... Et puis le comte est dans les griffes de sa drôlesse...

— Il y a deux mois encore, — reprit le vieillard, — mon neveu avait refusé la nièce de M. l'ambassadeur de Naples, qui était colossalement riche... Enfin je désespère de le marier jamais, à moins... belle dame... que vous ne me veniez en aide.

— Moi, balbutia madame Jouffroy suffoquée — moi...

— Sans doute.

— Moi... Mon Dieu! que dites-vous.

— La communication que je désirais avoir l'honneur de vous faire, madame, n'a pas d'autre objet?

— Nous y voilà, — se dit le cousin Roussel. — Ah! mes pressentiments ne me trompaient pas...

— Cette communication n'a pas d'autre objet... que le mariage de M. le comte, votre neveu... — reprit d'une voix palpitante la mère d'Aurélie. — Non, non, monsieur le marquis, ce que vous dites-là n'est pas possible...

— J'ai l'honneur de vous répéter, madame, que vous et M. votre mari vous pouvez peut-être seuls empêcher que notre famille ne s'éteigne point en me venant en aide pour marier mon neveu.

— Voilà qui est, parbleu! fort curieux, — reprit naïvement l'ancien négociant; — j'avoue que je ne comprends rien à la chose... et toi, Joseph?

— Peut-être... — répondit le cousin Roussel, et il ajouta tout bas : — Sans la parole donnée par Aurélie à Fortuné... quelles seraient mes craintes!... Cette femme est folle... archi-folle...

— Belle dame, — reprit le vieillard d'un ton mystérieux et pénétré, — savez-vous ce qui s'est passé hier soir entre mon neveu et moi en sortant du bal où nous avions eu l'honneur de vous rencontrer? Mais qu'avez-vous, de grâce... vous semblez... inquiète... agitée...

— Continuez, monsieur le marquis... je vous en supplie... continuez...

— Hé bien, madame, hier soir après ce bal... il s'est passé entre mon neveu et moi... une scène... qui m'a ému jusqu'aux larmes... Henri... c'est son nom... s'est jeté à mon cou et m'a dit : « Vous avez été jus-
« qu'ici pour moi un père... le plus tendre
« des pères... — (le vieillard accentua ces mots d'une voix tremblottante et attendrie),
« — le meilleur des pères... et de votre
« tendresse, mon cher oncle, je vous de-
« mande une nouvelle preuve... jusques
« ici je me suis toujours, malgré vos in-
« stances, refusé à me marier... parce que
« si brillants que fussent les partis qui
« m'étaient offerts, je ne sentais rien dans
« mon cœur pour les jeunes personnes
« que l'on me proposait d'épouser. Je ne
« veux me marier qu'à une femme dont je
« sois passionnément amoureux afin de la
» rendre la plus heureuse créature qui soit
« au monde... Hé bien! mon oncle, cette

« femme, jusqu'alors introuvable... ce soir « je l'ai rencontrée ; elle est d'une incom« parable beauté, il m'a suffi de quel« ques instants d'entretien avec elle pour « apprécier la bonté de son cœur, le « charme de son esprit, l'exquise distinc« tion de ses manières ; la foudre n'est pas « plus prompte que l'amour qui m'a frappé « au cœur... Je suis fou de cette jeune « personne, et si je ne l'épouse pas... ja« mais de ma vie... je ne me marierai, je « serai le dernier des Villetaneuse et notre « famille sera éteinte... »

— Monsieur le marquis, — s'écria madame Jouffroy prête à défaillir d'émotion, —je n'ose croire encore que... mon Dieu !.. il me semble... que j'ai le vertige... tout papillote devant moi...

— Pardon, belle dame... si je vous interromps, veuillez me permettre d'achever. « — Mon cher Henri, — ai-je dit à « mon neveu, — c'est chose grave que le « mariage. Cet amour si subit me paraît « un peu bien prompt. C'est à peine si tu « as causé une demi-heure avec cette « jeune personne, et te voilà passionné-

« ment... j'oserais dire follement épris « d'elle. »

— Monsieur le marquis... je... je... vous jure... que... de ces amours... si... soudains... on a des exemples, — reprit la mère d'Aurélie d'une voix entrecoupée, tandis que l'ancien commerçant, dont la pénétration n'était pas excessive, disait tout bas au cousin Roussel d'un air cogitatif :

— Quelle peut être cette jeune personne dont le neveu de M. le marquis est devenu si vite amoureux; tu nous contais cependant ce matin qu'il était dans les griffes d'une donzelle...

— Malheureuse enfant! je n'en saurais douter, le comte a produit sur elle une vive impression, — pensait Joseph sans répondre à son ami. — Ah! malgré moi je tremble...

— Certes, belle dame, — poursuivit le vieillard, — certes, l'on a vu des exemples de passions soudaines, irrésistibles, mais c'est à nous autres, grands parents, mûris par l'expérience, c'est à nous de ne point céder aux entraînements souvent dangereux de ceux qui nous sont chers, c'est à nous d'avoir pour eux la raison, la prévoyance dont souvent ils manquent ; aussi ai-je répondu à mon neveu : Mon cher Henri... ceci demande réflexion... nous en reparlerons de sens plus rassis... mais bast... il ne m'a pas laissé achever, et s'est écrié avec une violence qui m'a véritablement effrayé : « Mon oncle, je suis capable « de me brûler la cervelle si demain vous « n'allez pas demander pour moi à ses pa« rents la main de mademoiselle Jouffroy.

XXX

Le père d'Aurélie fut seul stupéfait de la demande en mariage exposée par M. de Villetaneuse, depuis quelques moments, le cousin Roussel *voyait venir* cette proposition avec une inquiétude croissante, et madame Jouffroy éclairée par un pressentiment de sa détestable vanité, avait presque tout d'abord soupçonné le but de la visite du vieillard.

Hélas! l'âme humaine est sujette à de si étranges aberrations, la tendresse maternelle se manifeste parfois jusques dans son aveuglement par des ressentiments si passionnés, que cette femme fondit en larmes à cette pensée :

— Aurélie sera comtesse... et plus tard marquise et femme d'un pair de France..

Oni, cette mère aveugle, stupide, mais qui à sa façon idolâtrait sa fille, pleura de joie, de bonheur; la tête lui tourna et pendant quelques moments elle resta plongée dans cette sorte d'extase silencieuse, causée par la réalisation subite d'une espérance jusqu'alors considérée comme insensée.

Telle est la contagion de la vanité chez les êtres faibles que l'ancien commerçant, d'abord stupéfait des propositions de M. de Villetaneuse, éprouva bientôt une vive satisfaction d'amour-propre; non que cet excellent homme fût personnellement glorieux, mais cette demande lui semblait des plus flatteuses pour sa fille qu'il adorait, et sa première surprise passée, il dit à demi voix au cousin Roussel, en se frottant joyeusement les mains:

— Aurélie aura la gloire et le profit, elle est demandée en mariage par un marquis au nom d'un comte, et elle épousera notre cher Fortuné.

— Je l'espère bien — répondit aussi à

demi voix Joseph d'un ton pensif et résolu, puis se levant de son siége, il s'approcha d'une croisée afin de s'isoler et de réfléchir plus à loisir.

M. Jouffroy remarquant seulement alors les larmes dont était baigné le visage de sa femme, s'approcha d'elle, lui disant avec inquiétude :

— Mon Dieu ! Sophie qu'as-tu donc? voilà que tu pleures !

— Pardon, monsieur le marquis, reprit en essuyant ses yeux la mère d'Aurélie, — pardon, mais la reconnaissance, le bonheur, la demande inespérée que vous nous faites... On ne résiste pas à cela, voyez-vous..?.

—Ah! madame, — répondit le vieillard tirant son mouchoir de sa poche et le portant à ses yeux, — je partage votre émotion... c'est un moment toujours attendrissant et solennel que celui où l'on songe à marier ses enfants... et mon neveu est pour moi un fils. Puis-je maintenant lui porter quelques paroles d'espérance!

— D'espérance ! Comment pouvez-vous douter, un instant, monsieur le marquis, du consentement de notre fille... et du nôtre !

— Ah ! madame quel beau jour pour mon pauvre Henri...

Monsieur Jouffroy, entendant sa femme promettre ainsi solennellement la main d'Aurélie, crut d'abord rêver ; il resta coi, ébahi puis s'écria, tandis que Joseph, pensif et résolu revenait près de la cheminée.

— Ah çà, ma femme, tu n'y songes-pas ?

— A quoi est-ce que je ne songe pas ?

— Tu viens de répondre à monsieur le marquis de notre consentement et de celui de notre fille au sujet de ce mariage ?

— Certainement.

— Mais, Mimi...

— Est-ce que je doute un instant du consentement d'Amélie! Pauvre enfant! va-t-elle être heureuse... surprise... éblouie... elle ne pourra pas croire au bonheur qui lui arrive... car en vérité c'est comme un rêve...

— Ma femme, tu peux oublier nos engagements... mais je ne les oublie pas... moi,

— Bien, — dit tout bas le cousin Roussel. — Bien, mon ami... courage!

— Voici du nouveau, par exemple, — reprit madame Jouffroy d'abord confondue de l'accent de fermeté de son mari, — Qu'est-ce que cela veut dire... des engagements?..

— Pardon, madame, ajouta — M. de Villetaneuse, avec une froideur hautaine, — j'ignorais que vous eussiez des engagements antérieurs au sujet de mademoiselle votre fille.

— De grâce, monsieur le marquis, je vous en supplie ne faites pas attention à ce que dit mon mari... dès que ce mariage me convient... tout est dit :

— Non, Sophie, tout n'est pas dit, — reprit l'ancien commerçant encouragé par la présence et par les regards du cousin Roussel. — Aurélie a tout à l'heure, devant nous, formellement promis à son cousin de l'épouser... ce mariage nous convient sous tous les rapports et quoique nous soyons, je le répète, très-flattés de l'honneur que voulait nous faire M. le marquis en nous proposant son neveu, nous sommes obligés de le refuser...

— Très bien, Baptiste, très-bien... tiens ferme, — reprit tout bas le cousin Roussel, — tout à l'heure ce sera mon tour... je te viendrai en aide.

— Madame, — dit M. de Villetaneuse en se levant et s'inclinant, — puisqu'il en est ainsi... il ne me reste plus qu'à vous offrir l'expression de mes regrets... J'ai eu un moment d'espoir pour mon pauvre Henri... mais je le vois, il me faut à cet espoir renoncer... puisque M. votre mari vous notifie formellement, madame, qu'il s'oppose à l'union projetée... il est seigneur et maître céans... je n'ai plus qu'à me retirer...

Et le vieillard fit mine de se diriger vers la porte.

XXXI

Madame Jouffroy abasourdie de l'inconconcevable assurance de son mari, exaspérée d'entendre le marquis lui dire : qu'il ne fallait plus songer à ce mariage puisqu'il ne convenait point *au maître et seigneur de céans*, craignant enfin que blessé dans sa susceptibilité, M. de Villetaneuse retirât sa proposition. Madame Jouffroy s'écrie :

— Encore une fois, Monsieur le marquis, ce que mon mari dit ou rien c'est la même chose. Il est vrai que ma fille par compassion pour son cousin, qui est amoureux fou d'elle, lui a répondu tout à l'heure afin de le calmer, que... peut-être... elle consentait à l'épouser...

— Ma femme, il n'y a pas de peut-être, — Aurélie a formellement promis à Fortuné de...

— Et quand cela serait. — Est-ce que notre fille n'est pas libre de retirer une promesse arrachée par la pitié? Est-ce que vous savez seulement si en apprenant l'honneur que veut bien nous faire M. le marquis, elle ne sera pas la première à redemander sa parole? Est-ce que vous pouvez décider quelque chose sans son avis? Est-ce que nous ne lui avons pas cent fois répété que son choix serait le nôtre? Et vous venez, de votre autorité privée, repousser les offres de M. le marquis sans avoir consulté Aurélie? Est-ce à elle, oui ou non, que les propositions s'adressent?

M. Jouffroy ne sachant que répondre à ce torrent de paroles sentait défaillir sa fermeté passagère et s'avouait que sa femme objectait raisonnablement, que l'on ne pouvait décider de rien sans l'avis d'Aurélie. Le cousin Roussel voyant la détresse de son ami dit à M. de Villetaneuse :

— Monsieur, nous sommes ici en famille, il est je crois de notre devoir à tous de nous expliquer en toute sincérité, car l'affaire est grave.

— Certainement, monsieur, certainement — répondit le vieillard en prenant sa tabatière. Et frappé de l'expression malveillante des traits de son interlocuteur, il pressentit qu'il pourrait bien trouver en lui un adversaire au lieu d'un auxiliaire.

— Monsieur, — reprit donc le cousin Roussel en s'adressant au marquis, — vous avez très-justement fait observer tout à l'heure que rien n'était plus grave que l'engagement du mariage, et que par devoir, les parents expérimentés devaient tâcher de préserver leurs enfants d'entraînements souvent fâcheux.

— Oui, monsieur, — telle est ma pensée, — répondit le vieillard en aspirant une prise de tabac — qu'arguez-vous de mes paroles ?

— Je vais, monsieur, vous le dire : Je ne m'occupe pas des engagements antérieurs de mademoiselle Jouffroy, je suppose qu'elle soit complètement libre...

— Il n'y a pas de supposition là-dedans — s'écria madame Jouffroy, — ma fille est libre, absolument libre! — et elle murmura entre ses dents, — maudit Roussel... je vous demande un peu de quoi il se mêle... Oh! il me le paiera!

— Soit, cousine, Aurélie est libre de son choix; je me permettrai seulement de poser à monsieur quelques questions.

— Je suis à vos ordres... et je vous écoute...

— Monsieur... selon vous... votre neveu, d'un naturel fort amoureux et particulièrement inflammable, après avoir vu hier mademoiselle Jouffroy pour la première fois, et dansé deux contredanses avec elle, est devenu, chose à peine croyable, subitement, passionnément, éperduement, follement épris de cette jeune personne?

— Oui, monsieur...

— Et il n'y a que vous au monde, monsieur Roussel, pour trouver cela surprenant; M. le marquis est vraiment bien bon de se donner la peine de vous répondre!

— Madame, en de si graves conjectures, je regarde comme un devoir de répondre à toutes les questions que monsieur me fera l'honneur de m'adresser.

Joseph s'inclina et reprit :

— Je disais donc, monsieur, que, selon vous, votre neveu est si furieusement épris de mademoiselle Jouffroy, que, s'il ne l'épouse point, il vous menace de se brûler la cervelle ? Cependant, monsieur, excusez la liberté grande, comment se fait-il, que cet amoureux forcené ait, ce matin même (j'ai été témoin du fait...), ait, dis-je, ce matin, envoyé son domestique chez certain orfèvre afin de lui recommander de porter sans délai, un fort riche bracelet à une madame de Morlac..., femme de mœurs plus que douteuses, chez qui notre amoureux forcené devait, par parenthèse, se trouver aujourd'hui à midi,... selon le dire de son domestique ? Or, me semble, monsieur, toujours d'après mon petit jugement, assez difficile de faire concorder la présence de votre neveu chez cette femme suspecte, avec l'amour éperdu dont il est, dites-vous, transporté à l'endroit de ma jeune parente ?

— Roussel a raison, il nous a conté cela ce matin, tu t'en souviens, Sophie? Certes, le neveu de M. le marquis est libre d'envoyer des bracelets à qui bon lui semble..., mais...

— Mais, — reprit Joseph, — cet envoi prouve du moins que monsieur n'a heureusement rien à craindre pour la vie de son cher neveu qui menaçait de se brûler la cervelle, s'il n'obtenait la main d'Aurélie, et ce refus échéant..., l'antique et illustre famille des Villetaneuse ne s'éteindra point encore de ce coup de pistolet là...

L'observation de Joseph, quoiqu'elle portât un rude coup aux projets de madame Jouffroy la fit réfléchir, et l'effraya en lui rappelant des faits que dans son émoi elle avait oubliés; si aveuglée qu'elle fût par sa détestable vanité, cette femme idolâtrait sa fille, elle tressaillit, regarda le marquis, semblant lui dire : Que pouvez-vous répondre à cette accusation si grave?

Le vieillard comprit la signification de ce regard, aspira longuement une prise de tabac, et reprit avec une dignité froide :

— Je sais un gré infini à monsieur... — et il parut demander à Joseph son nom ; — à monsieur ?

— Roussel, — répondit Joseph ! — — Roussel, épicier en retraite...

Le marquis s'inclina, et reprit :

— J'avais donc l'honneur de dire à monsieur... Roussel, que je lui savais un gré infini de son observation.

— Je suis enchanté, monsieur, de vous avoir causé cette satisfaction ; je n'avais d'autre but, en ceci, que de vous être infiniment agréable.

— Vous pensez-bien, madame, — reprit M. de Villetaneuse en s'adressant à la mère d'Aurélie ; — vous pensez bien que je ne me suis pas déterminé à une démarche aussi solennelle que celle que j'ai l'honneur de faire auprès de vous... sans avoir paternellement interrogé mon neveu.... sur sa vie présente... il est de ces confidences au-devant desquelles je ne suis jamais allé, par respect de moi-même ; mais en cette grave circonstance, j'ai regardé comme mon devoir de galant homme, d'exiger de mon neveu une sorte de confession à l'endroit de sa vie de garçon ; or, le fait que vient de signaler monsieur.. monsieur.. Roussel, est exact.. parfaitement exact...

— Je n'en demandais pas davantage, — reprit Joseph en regardant M. et madame Jouffroy — cela nous suffit.

— Pardon, monsieur Roussel, mais cela ne me suffit point à moi, et pour l'honneur de mon neveu, le fait a besoin de quelques explications... les voici : J'ose croire que madame, douée comme elle l'est d'un excellent et rare bon sens... et connaissant le monde, ne fera pas un crime à un jeune homme de vingt-six ans, d'avoir eu, comme on dit, une amourette ?

— Non ! certainement, monsieur le marquis, s'il ne s'agit en effet que d'une amourette ; — après tout... les hommes ne sont pas des anges... et, il faut que jeunesse se passe...

— Vous avez, madame, admirablement traduit ma pensée... Donc mon neveu m'a avoué qu'il avait une liaison avec une madame de... de... Moriac ou Morlac, je ne sais trop au juste... Cette liaison avec une femme de moyenne vertu n'est nullement sérieuse, si peu sérieuse, en effet, que mon neveu m'a dit à ce sujet : « Que je sois ou « non assez heureux pour voir ma demande « agréée par mademoiselle Jouffroy, le pro- « fond amour que je ressens pour elle me « domine tellement, qu'un autre lien, si lé- « ger qu'il soit, m'est à cette heure insup- « portable. Dès demain j'irai signifier à « madame de Morlac, que je romps avec « elle. » Or, mon neveu est effectivement allé chez elle ce matin, dans cette seule intention et afin de lui offrir un dédommagement toujours parfaitement accueilli de ces créatures... il aura sans doute fait cadeau, à cette femme, de quelque bijou de prix... Telle est, dans toute sa simplicité, dans toute sa naïveté, l'histoire de ce bracelet, à laquelle monsieur... Roussel a fait une si bienveillante allusion, je m'estime heureux de lui témoigner de nouveau combien je lui sais gré de son observation. Les intérêts dont nous nous occupons sont d'une haute gravité, et il nous commandent à tous une sincérité absolue, j'oserai presque dire une franchise brutale...

Il était impossible de s'exprimer d'une manière plus convenable, de rétorquer, en apparence, plus victorieusement l'objection de Joseph. Il eût été convaincu de la sincérité de la réponse du marquis, si celui-ci ne lui eût inspiré une méfiance invincible. M. Jouffroy regarda son cousin en hochant la tête; il semblait dire : « Après tout, c'est une amourette sans « conséquence ; et sa femme s'écria triom- « phante :

— Ah ! monsieur le marquis, votre réponse m'allége d'un poids qui me serrait le cœur. La rupture de M. le comte avec cette créature dont vous parlez, est une preuve de plus de l'amour qu'il ressent pour ma fille...

— Un mot encore, monsieur, — reprit Joseph en s'adressant au marquis : — vous avez dit tout à l'heure avec grand sens, à mon avis, que nous devions nous montrer les uns envers les autres d'une franchise brutale... et... je...

— Monsieur Roussel ! — s'écria madame

Jouffroy exaspérée — mêlez-vous de ce qui vous regarde... vous vous êtes faufilé ici malgré moi, monsieur le marquis a eu la bonté de tolérer votre présence... et vous l'en avez, Dieu merci! joliment récompensé de sa tolérance ! Je vous prie donc de vous taire ou de sortir.

— Ah! ma femme! ma femme! peux-tu parler ainsi à Roussel, notre meilleur ami?...

— Madame! — se hâta de dire le vieillard. — Je vous le demande en grâce, souffrez au contraire que monsieur... Roussel parle en toute liberté. Je serais au désespoir de paraître reculer devant les questions qu'il peut avoir encore la fantaisie de m'adresser, car, il me paraît fort interrogant... monsieur votre cousin !

— C'est l'un de mes moindres défauts, monsieur, et j'ai entre autres, celui d'être si complètement étranger aux mœurs d'un certain monde, qu'il me semble au moins étrange, que votre neveu, voulant rompre avec une femme de l'espèce de madame de Morlac, se soit donné la peine d'aller pour cela chez elle ce matin, malgré l'amour éperdu qu'il éprouve pour ma jeune parente ; un billet de deux lignes suffisait à cette rupture, mais enfin... passons.

— C'est bien heureux! — reprit madame Jouffroy en rongeant son frein — c'est ma foi, bien heureux !

— Donc monsieur, c'est chose convenue, votre neveu soudainement, passionnément épris d'Aurélie, ne s'est, je suppose, aucunement soucié de savoir si elle serait ou non richement dotée...? Ce sont là, me direz-vous, de ces ignobles questions d'intérêt auxquelles les amoureux demeurent complètement indifférents...

— Vous allez voir que ma fille n'est pas assez belle, assez admirablement belle pour qu'on puisse l'aimer, sans songer à sa dot ! Oh ! quelle patience... il faut avoir pour entendre de pareilles choses !

— Monsieur... Roussel, L'observation de Madame est d'une telle justesse... que je n'ai quant à présent rien à ajouter à ses paroles.

— A la bonne heure, Monsieur, mais moi, s'il vous plaît, j'ajouterai ceci : Le désintéressement de monsieur votre neveu à l'endroit de la dot est d'autant plus méritoire, je dirai même plus héroïque.. qu'il a l'inconvénient.. (monsieur votre neveu..) de faire circuler des lettres de change... que l'on ne veut escompter à aucun prix, sous cet impertinent prétexte qu'il ne les paie point à leur échéance... ses lettres de change ?.. et que sa signature.. est devenue.. environ le synonyme de.. protêt ?

— Des billets protestés ! — s'écria monsieur Jouffroy, avec cette sainte horreur du protêt habituelle aux commerçants scrupuleux observateurs de leurs engagements. — Qu'est-ce que tu dis là, Roussel ? des billets protestés !!

— Tu comprends bien, qu'un élégant et beau jeune homme comme M. le comte ne tient pas de livres en partie double; il encaisse d'abord, et il paie.. s'il le peut; c'est de la banque.. transcendante! Tant il y a que l'autre jour, en ma présence, mon ami Badinier a refusé d'escompter une lettre de change de trois mille francs, souscrite par M. le comte Henri de Villetaneuse, prétendant que... (commercialement parlant bien entendu...) la signature de M. le comte était... comment dirai-je.. afin de concilier la politesse et la brutalité... était... aussi fantastique, aussi impalpable que celle de son oncle le pair de France..

— C'est par trop fort! oser insulter monsieur le marquis! Sortez, monsieur Roussel...

— Non pas, Madame, non pas.. Monsieur voudra bien d'abord m'entendre — répondit le vieillard. — Puis aspirant de nouveau longuement une prise de tabac. — Monsieur Roussel a-t-il sur lui un carnet et un crayon?

— Oui, Monsieur... voici un carnet et un crayon.

— Très-bien... maintenant monsieur Roussel veut-il me faire la grâce d'écrire quelques mots sous ma dictée?

— Assurément...

— C'est une simple note que je prie monsieur Roussel de prendre en manière de remémorance, et je dicte : *Ecrire à M. Guillot, régisseur de la terre de Montfal-*

con, au château de Montfalcon près Grenoble... département de l'Isère.

— Ensuite, Monsieur?

— *Demander audit M. Guillot, combien est estimée la terre de Montfalcon,* —poursuivit le marquis, — *et si cette terre n'appartient pas à M. le comte Henri de Villetaneuse?* Monsieur Roussel a-t-il écrit?

— Mon ami... Tu entends ? et M. Roussel avait le front de...

— Permettez, belle dame. Je ne blâme point du tout M. Roussel, il ignorait la fortune de mon neveu; de même que mon neveu ignorait la fortune que peut avoir M. Jouffroy.

— Mais enfin, monsieur, ces lettres de change?

— Je répondrai à M. Roussel, que j'ignore si mon neveu souscrit ou non des lettres de change, mais que sa terre de Montfalcon (de ceci, M. Roussel pourra s'assurer,) est estimée quatre cent mille livres, et que de plus, le jour de son mariage, je donne à Henri quatre cent mille livres comptant, et qu'enfin après moi il héritera du restant de ma fortune et de ma pairie, s'il plaît au roi... Le chiffre de cette fortune étonne peut-être monsieur Roussel ?

— Elle m'étonne.. énormément, monsieur, et vous êtes peut-être aussi énormément étonné que moi.. de vous savoir si riche..

— Monsieur Roussel est fort plaisant quand il lui plaît, — répondit le vieillard aspirant sa prise de tabac; — mais enfin, il suit du chiffre de cette fortune, que mon neveu n'est point tout à fait ce que l'on appelle un mendiant, un coureur de dot.

— Ah! monsieur le marquis, nous ne nous serions jamais permis de croire...

— Pardon, belle dame, mais, puisque nous parlons chiffres, question toujours très-délicate, et réservée aux grands parents, car les amoureux ont horreur des chiffres, ainsi que l'a très-judicieusement fait observer M. Roussel, je ne crois pas exagérer les prétentions de mon neveu en espérant pour lui... dans le cas où ce mariage pourrait se conclure, une dot... non point supérieure, mais du moins égale à la fortune dont il jouirait en se mariant; à savoir : huit cent mille francs...

— Huit cent mille francs ! — s'écria M. Jouffroy avec ébahissement, — saperlotte ! huit cent mille francs!.. mais...

— Nous pourrions à la rigueur donner cela à notre fille, monsieur le marquis ; aucun sacrifice ne nous coûtera pour assurer le bonheur de notre enfant!...

— Mais, Sophie... tu oublies que...

M. Jouffroy n'acheva pas, sa femme lui lança un tel coup-d'œil qu'il se tut en regardant Joseph avec stupeur. Le marquis ne parut pas avoir entendu l'objection. Aspira lentement une nouvelle prise de tabac et reprit :

— En posant ce chiffre de huit cent mille francs, madame, je demande ce qui est rigoureusement nécessaire à mon neveu et à sa femme pour qu'ils puissent tenir décemment leur rang, Madame la comtesse, et plus tard madame la marquise de Villetaneuse, doit avoir une maison convenable pour y recevoir les personnes de sa société et sa famille. J'ai de plus l'espérance... je devrais dire la certitude, qu'une fois marié, mon neveu obtiendra des bontés du roi... une ambassade.

— Une ambassade, ma fille ambassadrice!

— Or, belle dame! les ambassadeurs sont maintenant si piètrement rétribués, que leurs appointements leur permettent à peine de vivre sur un certain pied... ces considérations posées... je suis obligé d'ajouter, remplissant en cela, quoique à regret, et jusqu'au bout mon rôle de grand parent... que quant à moi, (car mon neveu épouserait mademoiselle Jouffroy, fut-elle pauvre comme Job), que quant à moi, dis-je, et pensant à l'avenir, je ne saurais accepter la moindre réduction dans le chiffre de la dot... de mademoiselle votre fille, à savoir, huit cent mille francs.

— Monsieur le marquis doit bien penser que ce n'est pas une question d'argent qui nous arrêtera, lorsqu'il s'agit du bonheur de notre enfant. Il est évident qu'étant comtesse de Villetaneuse, et devant peut-être un jour être ambassadrice...

— Et ce jour, madame, ne serait point fort éloigné. Je m'empresserais de demander au roi, lorsqu'il signerait le contrat de mariage de ma nièce... permettez-moi, belle dame, de dire ma nièce... c'est une supposition.

— Le roi? serait-il possible! le roi daignerait...

— Signer le contrat de mariage de ma nièce? Eh! chère madame... cela va de soi... de même que la présentation de ma nièce, non pas à ces cohues des Tuileries, mais au cercle particulier de la reine et des princesses royales... J'avais donc l'honneur de vous dire que je profiterais de l'occasion de la signature du contrat de ma nièce, par le roi, pour rappeler à Sa Majesté la promesse de cette ambassade.

— Monsieur, — reprit Joseph, revenu de la surprise embarrassée où l'avait d'abord jeté l'évaluation de la fortune du marquis et de son neveu. — Je ne doute point que vous ne soyez parfaitement en cour... mais...

— Comment, encore! comment, monsieur Roussel! M. le marquis vous a terrassé... et vous osez...

— De grâce..., belle dame..., laissez

M. Roussel oser... tant qu'il lui plaira...

— Donc, monsieur, si terrassé que je sois, j'oserai vous faire observer, premièrement : que les plus belles propriétés du monde peuvent être grevées d'hypothèques, presque jusques à la concurrence de la valeur... secondement : qu'il ne s'agit pas seulement de dire que l'on avantagera son neveu de quatre cent mille francs le jour de son mariage ; cette libéralité là... est magnifique... mais, dit le proverbe, promettre et tenir sont deux. Or, serait-il indiscret de vous demander, monsieur... sur quelle sérieuse garantie repose ce don... de quatre cent mille francs... En avance d'hoirie... ?

— Madame... vous entendez?.. — reprit M. de Villetaneuse en se levant avec une fierté courroucée ; — il est certains soupçons si offensants pour la dignité d'un galant homme... qu'il ne peut, qu'il ne doit y répondre que par le dédain...

— Le dédain... est fort commode, — dit le cousin Roussel, — mais peu concluant.

— Monsieur le marquis, un mot, de grâce... je suis désespérée de...

— Madame, — répondit le vieillard avec une hauteur contenue en prenant son chapeau, — dès qu'une personne de votre famille se permet de douter de ce que j'affirme, dès que je ne suis pas cru sur parole, il ne me reste qu'à me retirer...

— Monsieur le marquis... un mot... un seul mot, — s'écria madame Jouffroy d'une voix étouffée, — une seule prière... attendez-moi cinq minutes... seulement cinq minutes... et je reviens... me refuserez-vous cela ?

— Je suis à vos ordres, madame, — répondit M. de Villetaneuse en s'inclinant, — j'attendrai.

La mère d'Aurélie sortit précipitamment.

XXXII

Madame Jouffroy, en quittant le grand salon, se rendit en hâte dans une pièce plus petite où se réunissait ordinairement la famille et où se trouvait alors Fortuné, la tante Prudence, Marianne et sa sœur.

— Aurélie, — lui dit sa mère en entr'ouvrant la porte, — viens vite... j'ai à te parler.

La jeune fille se leva, rejoignit sa mère qui l'emmena dans sa chambre à coucher, puis, pleurant de joie, elle sauta au cou d'Aurélie et la couvrit de baisers passionnés, sans pouvoir d'abord prononcer un mot.

— Mon Dieu, maman... comme tu es

émue... tu pleures... que se passe-t-il donc?

— Sais-tu, — reprit madame Jouffroy d'une voix palpitante, entrecoupée, — sais-tu... qui est là... dans le salon?

— Qui donc?

— Monsieur le marquis de Villetaneuse. .

— Lui...

— Il vient te demander en mariage pour son neveu...

— Comment? — répondit Aurélie, tellement abasourdie, qu'elle comprenait à peine les paroles de sa mère. — Que veux-tu dire?.. Quel neveu?..

— Le comte de Villetaneuse, ce charmant jeune homme avec qui tu as dansé hier... chez les Richardet : il est amoureux fou de toi... Il se brûlera la cervelle si nous lui refusons ta main... il a huit cent mille francs de dot... le roi signera son contrat... il sera ambassadeur... tu seras ambassadrice et comtesse, entends-tu?.. mon Aurélie... comtesse!! et plus tard marquise... Comtesse!!! marquise!! Tiens... j'en deviendrai folle... mais... tu ne me réponds pas... tu pâlis... mon enfant!.. tu m'effrayes...

— Pardon... maman... mais... il me semble... que la tête me tourne, — murmura la jeune fille, et portant la main à son cœur pour en contenir les battements désordonnés, — je... je... ne sais... mais la surprise... je... ne peux croire... je ne sais plus où j'en suis...

— Calme-toi, chère enfant adorée... calme-toi... tout à l'heure, moi aussi... je ne savais plus où j'en étais... je ne pouvais pas croire... c'était trop beau... et pourtant c'est la vérité... comtesse... Aurélie... comtesse! ambassadrice! marquise! Le comte est fou de toi!

— Hélas! ma mère, je l'aimais! — s'écria la jeune fille en sanglottant et cachant sa rougeur dans le sein de sa mère. — Cette nuit... je n'ai rêvé que de lui...

— Est-il possible... Oh! c'est trop de bonheur... tu l'aimes autant qu'il t'aime!

— Oui, je l'aimais, — reprit Aurélie avec une expression navrante, — je l'aimais avant d'avoir appris... que cette horrible femme...

— ... A qui le comte a envoyé un bracelet, n'est-ce pas ? — puis embrassant sa fille avec ivresse, — tout est expliqué !

— Maman !

— Tout est expliqué, te dis-je ! Le comte est si amoureux de toi... qu'il est allé chez cette femme... pour rompre avec elle !..

— Mon Dieu...

— Ce bracelet qu'il lui donnait, en la quittant, était un dédommagement.

— Ah !.. qu'ai-je fait !.. qu'ai-je fait !

— Le marquis nous a tout raconté... Son neveu lui a déclaré que s'il ne t'épousait pas, il se tuerait !.. Faut-il qu'il t'aime ! ! chère enfant, faut-il qu'il t'aime !

— Malheureuse que je suis ! !

— Aurélie... que dis-tu... reviens à toi !

— Ma mère, — reprit la jeune fille avec un accent déchirant, — et Fortuné ?..

— Fortuné ?..

— Je lui ai promis de l'épouser !..

— Qu'est-ce que cela prouve ?

— Oh ma mère... ma mère !

— Aimes-tu le comte, oui ou non ?

— Tu me le demandes, maintenant que je sais qu'il m'aime aussi : maintenant que sa présence chez cette femme est expliquée... mais non... non, je ne peux plus.,. je ne dois plus l'aimer... Fortuné a ma parole!

— Retire ta parole!

— Jamais... ma mère... jamais! Non... je tâcherai d'oublier le comte... je serai peut-être bien malheureuse... mais...

— Te rendre à jamais malheureuse! manquer l'occasion d'être comtesse! un mariage superbe! parce que tu as fait une promesse en l'air que tu regrettes! oh... je jure bien qu'il n'en sera pas ainsi, par exemple!

— J'ai librement promis à mon cousin de l'épouser. Tout à l'heure encore... les larmes aux yeux, il me disait : Aurélie... j'ai le ciel dans l'âme... Pauvre Fortuné !!! quoi! maintenant, j'irais lui porter un coup affreux! non, non, en acceptant ce mariage j'ai surtout cédé... hé bien! oui, je l'avoue... j'ai surtout cédé à un mouvement de dépit, de colère contre le comte. C'est ma faute... je l'expierai!

— Aurélie... Ecoute-moi... Si Fortuné te rend ta promesse?

— Il m'aime trop... hélas!.. il m'aime trop!

— Mais, enfin, s'il te la rend?

— Mais il ne me la rendra pas!

— Attends-moi ici...

— Maman... où vas-tu... que veux-tu faire...

— Dire à Fortuné la vérité...

— Comment?

— Oui, lui dire : « Ta cousine aimait « quelqu'un qu'elle ne croyait pas pouvoir « épouser, alors elle t'a donné sa pa- « role, maintenant, cette personne de- « mande ta cousine en mariage...

— Ma mère...

— Laisse-moi donc achever : « Fortuné, « lui dirai-je, Aurélie, si tu l'exiges, tien- « dra sa parole, mais, si tu lui rends sa « promesse, tu feras le bonheur de ma « fille... et elle t'aimera comme le meilleur « des frères... »

— Mon Dieu!.. Mon Dieu!.. pauvre Fortuné!..

— Je vais le trouver...

— Non, non, je tiendrai ma promesse... j'aurai du courage... et pourtant...

— Attends-moi... je reviens... — dit madame Jouffroy voyant faiblir la résolution de sa fille; et sortant précipitamment, elle laissa seule Aurélie qui la rappelait en vain, mais qui la laissa s'éloigner.

XXXIII

Lorsque la mère d'Aurélie, après un court entretien avec Fortuné Sauval, rentra dans le grand salon où l'attendaient son mari, le cousin Roussel et le marquis de Villetaneuse, celui-ci pour se donner une contenance, regardait par la croisée, tournant le dos à Joseph et à son ami qui s'entretenaient à voix basse, près de la cheminée...

— Monsieur le marquis, — se hâta de dire madame Jouffroy en allant droit au vieillard, — je viens de faire part à ma fille de vos offres... elle les accepte avec bonheur...

Et ce disant, l'orgueilleuse jeta un regard écrasant sur son mari et sur le cousin Roussel. Ce regard signifiait : maintenant tout est dit.

En effet, M. Jouffroy regarda Joseph d'un air atterré, tandis que le marquis, sentant la nécessité de brusquer les choses, répondit d'nn ton pénétré :

— Ah ! madame, je ne saurais vous exprimer ma joie... pardonnez mon impatience.. mais mon pauvre Henri ne vit pas, il m'attend avec une anxiété dévorante. Souffrez que j'aie pitié de lui... j'ai hâte d'abréger sa torture et de la changer en bonheur céleste, en lui apprenant vos bonnes intentions pour lui.

—Oh ! en ce cas-là... partez, monsieur le marquis, partez vite... et dites surtout à monsieur le comte que son amour est partagé.

— Quoi ! madame ?

— Ma fille raffole de lui, elle vient de me l'avouer, Oui, cette nuit, elle n'a rêvé que de monsieur le comte !

— Je ne m'étais pas trompé, — dit tout bas le cousin Roussel, — plus d'espoir ! la malheureuse enfant est perdue !

— Ah ! madame, que m'apprenez-vous ? mes vœux sont comblés, dépassés ! — s'était écrié le vieillard, — s'il en est ainsi... vous me permettrez donc d'amener ce soir Henri, afin qu'il vous exprime sa profonde reconnaissance, et que vous le présentiez formellement à mademoiselle Aurélie comme son fiancé ?

— Certainement, monsieur le marquis, et de grand cœur... nous vous attendons à huit heures.

— Je vous dois, madame, le plus beau jour de ma vie, car j'aime mon neveu comme un père aime son enfant. — Et, tendant la main à M. Jouffroy abasourdi, ne sachant encore s'il veillait ou s'il rêvait :
—A bientôt, mon cher monsieur... Ce soir je vous amènerai votre fils car ; si je gagne, à cette union, une fille adorable et charmante, vous gagnerez un fils aussi respectueux que dévoué. Ainsi, ce soir, à huit heures, je vous amène Henri, ma chère madame.

— Oui, monsieur le marquis, nous aurons l'honneur de vous attendre ; — et elle ajouta tout bas : — j'écrirai aux Richardet de venir à neuf heures... ils crèveront de jalousie.

Le marquis de Villetaneuse quitta le salon, où il laissa les divers personnages de la famille.

XXXIV

Joseph, aussitôt après le départ de M. de Villetaneuse, dit gravement :

— Ma cousine, vous aimez, à votre manière, votre fille, mais vous la perdrez... L'orgueil maternel vous aveugle, rappelez-vous bien ceci : ce mariage, s'il a lieu, fera le malheur d'Aurélie et le vôtre...

— Monsieur Roussel ! — s'écria impétueusement madame Jouffroy, — j'en ai assez enduré depuis une heure ! je ne souffrirai pas plus longtemps qu'un intrus vienne faire la loi ici. Je vous défends de remettre les pieds à la maison.

— Sophie, ah ! Sophie, parler ainsi... à notre plus vieil ami.

— Oui, au plus vieil ami de nos dîners, qu'il vient gueuser deux fois par semaine, sans compter les jours où, sans façon, il s'invite à déjeûner, comme il a fait ce matin. Dieu merci! l'on n'en manque jamais de ces amis-là ; et pour un de perdu, dix de retrouvés !

— Mais c'est absurde et odieux ce que vous dites là, ma femme ! — s'écria M. Jouffroy avec une douloureuse indignation, et, se tournant vers son cousin : — Mon cher Joseph, la colère l'emporte, elle ne réfléchit pas à ses paroles.

— J'y ai si parfaitement réfléchi, que je répète à monsieur Roussel qu'il est un pique-assiette, et que j'ai assez... que j'ai trop de ses visites... je n'en veux plus !

— Tenez, ma femme ! si vous parliez ainsi de sang-froid, vous seriez une méchante créature ! Mais, Dieu merci ! vous ne savez plus ce que vous dites dès que vous êtes en colère.

— Vous verrez si je ne fais pas une avanie à M. Roussel, dans le cas où il oserait revenir à la maison !

— Rassurez-vous, madame, — reprit dignement Joseph ; — je vous épargnerai ce mauvais procédé, je ne remettrai pas les pieds ici.

— Joseph, mais tu es fou ! Tu ne peux pas prendre au sérieux les paroles de ma femme.

— Non, mon vieil ami, mais ce que je prends au sérieux, ce sont les malheurs que je prévois ; je ne saurais, non plus que toi, les empêcher... le cœur me saignerait toutes les fois que je viendrais chez toi, mes conseils seraient aussi vains qu'ils l'ont été aujourd'hui, ta femme sera donc satisfaite... Elle ne me verra plus.

— J'y compte, monsieur Roussel.

— Mon Dieu, — murmura M. Jouffroy les yeux pleins de larmes, — un ami de vingt ans !

— Si tu as jamais besoin de moi, tu me retrouveras toujours tel que par le passé.

— Joseph ! — s'écria M. Jouffroy en serrant entre les siennes la main que son ami lui tendait et attachant sur lui ses yeux baignés de larmes ; — tu ne romps pas avec moi pour toujours ! non ! c'est impossible ! l'on ne renonce pas ainsi à une affection qui date de l'enfance. Quelques paroles échappées à une femme irritée ne peuvent te blesser à ce point.

— Encore une fois, tu me connais assez pour croire que de vains mots ne sauraient m'atteindre. Pendant vingt ans, j'ai vu régner le bonheur, l'union, la paix dans ta famille, tout cela va changer ; il me serait trop pénible d'être témoin des choses que je prévois... Ce fatal mariage aura lieu, quoique tu dises, quoique tu fasses... Ce matin, j'avais deviné le secret penchant d'Aurélie pour le neveu du marquis, j'ai tenté de conjurer le péril que je redoutais ; un moment j'ai cru réussir... mes efforts ont été déjoués par l'arrivée de M. de Villetaneuse ; maintenant, je n'ai que faire ici. Adieu... — reprit le cousin Roussel d'une voix étouffée par l'attendrissement, — adieu...

Et il quitta le salon précipitamment.

— Joseph... Joseph ! — s'était écrié

M. Jouffroy, en faisant quelques pas à la suite du cousin Roussel, puis, tombant dans un fauteuil, il murmura en cachant sa figure entre ses mains : — Un ami de vingt ans ! mon Dieu ! un ami de vingt ans !

— Bon voyage ! — dit madame Jouffroy triomphante, — bon voyage ! cousin Roussel.

— Oui, vous avez fait là un beau coup, allez ! vantez-vous-en ! — reprit amèrement le digne homme en s'adressant à sa femme. — C'est parce qu'il parlait en homme ferme, sensé, dans notre intérêt à tous... que vous l'avez chassé d'ici. Ah ! maudit soit ce mariage, il commence par me brouiller avec mon meilleur ami !

— Ainsi... moi et votre fille, nous ne sommes rien pour vous ? nous ne pouvons remplacer dans votre affection, ce cher et si regrettable M. Roussel. Tenez, vous me faites pitié !

— Et vous aussi vous me faites pitié, car vous êtes folle... Ah ! Joseph avait raison, vous ferez, voyez-vous, le malheur de votre fille et le nôtre, avec votre sotte vanité! Comment! elle a promis à son cousin de l'épouser; ce mariage était convenable de tous points... et maintenant... tout est changé !

— Ta, ta, ta, vous parlez sans savoir seulement ce dont vous parlez... J'ai été trouver Fortuné, je lui ai dit qu'avant de s'engager avec lui, Aurélie avait une inclination...

— Quelle inclination?...

— Aurélie s'est éprise du comte comme il s'est épris d'elle ; oui, tout à l'heure elle me l'a avoué... Cette nuit elle a rêvé de lui, elle l'adore !

— Allons ! bon ! voilà autre chose maintenant.

— Quoi ! vous ne m'avez pas entendu dire à M. le marquis qu'Aurélie aimait M. le comte !

— Au diable vos marquis et vos comtes ! Tenez, si ça continue, vous me ferez perdre la tête... Je me sens des battements dans les tempes et le front me brûle...

— C'est qu'aussi vous vous ahurissez d'un rien. Toujours est-il que j'ai dit à Fortuné : « ta cousine n'a que sa parole,

« elle la tiendra si tu l'exiges ; mais tu la « rendras bien heureuse si tu renonces à « elle. — Ma tante, m'a-t-il répondu, — « jamais je n'épouserai Aurélie contre son « gré... Adieu, — et il est parti... il n'en a « été que cela... »

— Il n'en a été que cela ! parce qu'il n'a pas osé se désespérer devant vous. Pauvre garçon, je suis sûr qu'à cette heure, il pleure toutes les larmes de son cœur...

— Bon, bon, les chagrins d'amour ne durent guère... Je suis donc retournée auprès d'Aurélie lui dire : « Ton cousin te « rend ta promesse, veux-tu te marier « avec le comte. » La chère enfant m'a sauté au cou pour toute réponse.

— Et puis après ?

— Comment et puis après ?.. Hé bien, notre fille sera comtesse.

— Avec huit cent mille francs de dot, n'est-ce pas ?

— Pourquoi non ?

— Ah çà, est-ce que vous vous moquez du monde, à la fin des fins ? Est-ce que je peux donner à Aurélie une dot de huit cent mille francs, moi! Est-ce qu'il ne faut pas aussi que j'établisse sa sœur? — Et se levant brusquement, M. Jouffroy se mit à marcher avec agitation dans le salon. — Huit cent mille francs! Plus des quatre cinquièmes de notre fortune! Est-ce que nous n'avons pas un autre enfant? Est-ce que nous devons donner tout à l'une et rien à l'autre? Miséricorde! je ne suis pas un mauvais père, heureusement, non, non! Et parce que cette pauvre Marianne est infirme, je ne la sacrifierai pas à votre sotte vanité de voir Aurélie comtesse ou marquise. Entendez-vous bien cela, ma femme! Ah! mais ne me croyez pas plus faible et plus bonasse que je le suis, car vous vous tromperiez fort, je vous en avertis?

— Qu'est-ce que cela signifie? ma volonté ne compte donc pour rien ici!

— Non! — s'écria M. Jouffroy élevant la voix au-dessus de celle de sa femme, — non, votre volonté ne comptera pour rien si vous voulez me forcer à commettre une injustice... une indignité!.. absurde et folle créature!

— Vous êtes un manant !

— Et vous... une mauvaise mère !

Soudain, au milieu des éclats de voix des deux époux irrités, la porte du salon s'ouvrit brusquement Aurélie ; inquiète, s'arrêta au seuil de l'appartement. A la vue de leur fille, le père et la mère gardèrent le silence.

XXXV

Aurélie, après être restée un instant au seuil de la porte, s'avança timidement, et dit en s'adressant aux deux époux :

— Excusez-moi d'être entrée indiscrètement peut-être, mais, en passant devant la porte du salon, j'ai entendu des éclats de voix, et je...

— Sais-tu ce qui arrive ?... Ton père ne veut pas que tu te maries avec M. de Villetaneuse...

A ces mots de sa mère qui ruinaient si brusquement ses plus chères espérances, Aurélie éprouva un tel saisissement qu'elle pâlit, chancela et fut obligée de s'appuyer au dossier d'un canapé. Madame Jouffroy alarmée, la voyant presque défaillante courut à elle, la prit dans ses bras, et, l'asseyant sur ses genoux, comme on y asseoit un enfant, elle l'étreignit passionnément et mêla ses larmes aux siennes.

Cette femme, dominatrice jusqu'à la dureté, vaniteuse jusqu'à la complète aberration du sens commun, sentait en ce moment son cœur déchiré par la douleur de sa fille, et elle lui dit d'une voix entrecoupée :

— Ma chérie, ne pleure pas ainsi... je t'en supplie... calme-toi, mon Dieu ! c'est la première fois que je te vois éprouver un vrai chagrin... Ah ! je ne connaissais pas le mal qu'on endure en voyant souffrir son enfant !

— Oh ! maman, — reprit Aurélie, en sanglottant et serrant convulsivement sa mère contre son sein. — Tu es bonne, toi... tu es bonne.

Et toutes deux restèrent ainsi enlacées.

A ces mots d'Aurélie, *tu es bonne, toi, maman.* — M. Jouffroy éprouva une peine cruelle, il était donc méchant, lui ? Atterré, muet, désespéré, l'excellent homme regardait sa femme et sa fille qu'il adorait, abîmées dans leur chagrin et le laissant à l'écart; hélas, lui aussi voyait pour la première fois, en proie à une véritable douleur, sa fille toujours jusqu'alors souriante, idolâtrée... Lui aussi, il ressentait pour la première fois ce mal qu'on endure en voyant souffrir son enfant; pour la première fois enfin, il voyait sa femme plongée dans une affliction profonde. Leur vie avait été jusqu'alors si paisible, si heureuse. Incapable de résister plus longtemps à ses fermes et sages résolutions, s'étourdissant sur la question de la dot, et cédant à la faiblesse habituelle de son caractère, il se rapprocha de sa femme et de sa fille, s'agenouilla, devant elles, et leur dit d'une voix suppliante en tâchant de saisir leurs mains afin de les baiser.

— Aurélie... Sophie... ne me repoussez pas... pardonnez-moi, si je vous ai affligées, c'est involontairement.

— Laissez-nous! laissez-nous, — reprit madame Jouffroy, non plus avec un accent impérieux et irrité, mais avec un accent navrant; la douleur abattait cette femme altière; la sincérité de son affliction porta un dernier coup à son mari qui s'écria :

— Aurélie, ma fille chérie ! puisque tu aimes le comte, et qu'il t'aime, tu l'épouseras, je te le promets, nous arrangerons les choses comme nous pourrons, mais, par pitié, ta mère et toi, ne me repoussez pas ! ne me désespérez pas !

A ces mots, toutes deux tournèrent peu à peu vers lui, leurs visages baignés de larmes, il lut sur leurs traits ce qu'il appelait *son pardon*, et les enlaçant alors toutes deux dans ses bras.

— Vous ne m'en voulez plus ? vous me pardonnez ?... je ne suis plus un méchant homme ?

— Toi, méchant ! mon Dieu ! peux-tu croire que j'aie pensé cela ! — reprit Aurélie en essuyant ses pleurs, — tu es ce que tu as toujours été, le meilleur des pères !

— Et d'une ! — reprit le faible et excellent homme, ne se possédant pas de joie et baisant la main d'Aurélie. — Et l'autre? la maman, est-ce qu'elle ne sera pas aussi indulgente que sa fille ? — et il cherchait aussi à prendre la main de sa femme, que celle-ci lui abandonna enfin en murmurant :

— Vilain Jouffroy, va ! vois-tu, nous sommes trop bonnes !

— Ne dis pas cela, ne dis pas cela, — reprit-il en serrant dans ses mains celles de sa femme et de sa fille. — Enfin, la paix est faite ; plus de chagrins ! plus de larmes !

— Non, non, mon ami, puisque tu es raisonnable, nous serons heureux comme par le passé.

— Oh ! merci, merci à vous deux, si vous saviez combien j'ai souffert ! quel martyr durant ces quelques instants, où je vous voyais là, pleurer en me repoussant... Je l'avoue, pauvre Mimi, j'ai été trop vif envers toi, j'ai eu tort, mais que veux-tu.... cette dot m'avait...

— Ne parle plus de cela ; j'arrangerai la chose, ne te tourmente pas.

— De quoi s'agit-il, maman ? quelle dot ?

— Il s'agit d'affaires, mon enfant ; tu n'y entends rien : cela me regarde. — Et, s'adressant à son mari : — Je te le répète, j'arrangerai la chose à ta satisfaction...

me comprends-tu ? à ta complette satisfaction... Est-ce clair ?

— Mais, comment ?...

— Laisse-moi faire !

— Ah ! si cela se pouvait...

— Cela se peut ;... cela sera... Sois tranquille, tu n'auras rien, absolument rien à te reprocher !

— Bien sûr ?

— Je te le promets !

— Après cela, Mimi, je sais que quand tu as quelque chose dans la tête, ça y est bien, — reprit M. Jouffroy, enchanté de voir sa femme se charger de résoudre la question de la dot, de façon à ce qu'il n'eût à se reprocher aucune injustice, quoiqu'il ne devinât pas par quel moyen l'on pouvait arriver à ce résultat ; mais, grâce à sa confiance aveugle dans sa femme, il se sentait délivré d'un grand poids.

— Ah çà ! maintenant, — reprit madame Jouffroy, — il ne faut pas oublier que M. le marquis nous présente ce soir son neveu...

— Ce soir ! — dit Aurélie, rougissant et

tressaillant de surprise et de bonheur. — Il viendra ce soir ?

— Fifille... tu l'aimes donc bien ?

— Ah ! mon père !... je n'osais l'avouer. Mais, depuis hier... je ne pensais qu'à lui ! Et si, tantôt, j'ai promis à ce pauvre Fortuné de...

— Ton père sait tout. C'est fini... Il sait aussi que ton cousin t'a rendu ta parole, et qu'il a très facilement pris son parti là-dessus.

— Tu me l'as dit, maman... et cette pensée adoucit mes remords.

— Tu ne dois pas en avoir ; ne pensons plus à cela, c'est fini ; et maintenant, dépêchons-nous, il est tard; il faut, mon enfant, songer à ta toilette. Toi, Jouffroy, tu vas ôter les housses des meubles du salon, la gaze du lustre et des candélabres, et veiller à ce que l'on mette des bougies neuves partout.

— Oui, Mimi ; et l'on allumera le feu d'avance, pour que ça ne fume pas comme ce matin.

— Il faudra aussi dire à Pierre de mettre sa redingote neuve pour ouvrir la porte; nous dînerons de bonne heure, afin que la salle à manger soit rangée quand ces messieurs entreront.

— Mon Dieu ! maman, il sera trop tard pour avoir le coiffeur. Voilà qu'il est déjà quatre heures...

— Marianne et moi, nous te coifferons, sois tranquille; il ne s'agit pas d'une coiffure de bal... Avec tes beaux cheveux ondés en bandeaux et une tresse, tu seras toujours charmante... Ah ! mon ami, j'oubliais ! je vais tout de suite écrire aux Richardet, pour leur demander de venir ici sur les neuf heures, passer la soirée sans façon avec nous. Cette glorieuse madame Richardet qui faisait sonner si haut l'avantage de recevoir dans sa société un comte et un marquis, les trouvera ce soir chez nous. Et quand elle saura pourquoi ils y sont, elle sera capable d'en crever de jalousie. Tant mieux ! Allons, Aurélie va vite tout préparer pour ta toilette, et dis à Marianne de venir me parler dans ma chambre.

— Oui, maman.

— Et toi, mon ami, fais vite enlever les housses du salon.

— Afin que ce soit plus tôt fait, — dit M. Jouffroy en ôtant sa redingote, — je vais me charger de ce soin, et j'aiderai Pierre à tout ranger ici. — Puis, le digne homme ajouta tout bas : — Je vais me mettre en quatre pour contenter Mimi, et j'obtiendrai que mon pauvre ami Roussel revienne à la maison comme par le passé.

— Ah ! — fit madame Jouffroy, — et les raffraîchissements... Il faudra des gâteaux, un fromage glacé ; cours chez le glacier et chez Félix ; Pierre arrangera le salon.

— Très bien, Mimi, — répondit M. Jouffroy en reprenant et vêtissant à la hâte sa redingote, qu'il venait de quitter afin d'être plus à l'aise. — Je cours chez le glacier.

Quelques instants après, madame Jouffroy, qui finissait d'écrire sa lettre d'invitation aux Richardet, vit entrer Marianne dans sa chambre à coucher.

XXXVI

Marianne, après avoir entendu sa sœur promettre sa main à Fortuné Sauval, venait d'apprendre que ce mariage était rompu, aussi, se rappelant les paroles de la tante Prudence, se disait-elle avec l'égoïsme inséparable de l'amour :

— Le refus d'Aurélie plongera Fortuné dans une douleur profonde, il sentira le besoin de consolations, d'affection, peut-être me sera-t-il donné d'adoucir un peu sa peine, à force de témoignages d'intérêt et d'attachement.

— Ma chère Marianne, — lui dit affectueusement sa mère en lui faisant signe de s'asseoir à côté d'elle, — nous avons à causer très-sérieusement ensemble.

—Maman... Je t'écoute.

— Tu sais que ta sœur a retiré la promesse qu'elle avait faite à Fortuné?

— Oui, maman...

— Il se présente pour Aurélie un parti superbe, inespéré ; M. le comte de Villetaneuse, neveu de M. le marquis de Villetaneuse, la demande en mariage... le roi signera au contrat, enfin c'est magnifique.

— Elle vient de me raconter cela, si tu savais, maman, combien elle est heureuse cette chère Aurélie!

— Je le sais, je sais aussi que tu es une excellente fille et que tu adores ta sœur.

— C'est tout simple.

— Certainement, et rien ne te coûterait, j'en suis sûre, pour assurer son bonheur?

— Oh! non, rien.

— Hé bien! mon enfant, tu peux beaucoup pour le bonheur de ta sœur...

— Moi, maman?

— Oui.

— Je ne te comprends pas.

— Je m'expliquerai plus clairement tout à l'heure. Mais, dis-moi, je me suis, ainsi que ton père, aperçue depuis longtemps du peu de goût que tu as pour le monde et de ton penchant à la retraite; car enfin, quelle est ta vie ici ? Tu ne sors presque jamais avec nous, cela te convient, rien de plus naturel; tu n'aimes pas la toilette, et pourvu que tu aies une robe chaude en hiver, légère en été; peu t'importe sa couleur et qu'elle soit taillée comme un sac, puisque tu es la modestie et la simplicité en personne; tu restes toute la sainte journée occupée à broder ou à coudre dans ta chambre ou dans celle de ta tante Prudence, ce qui n'est guère récréatif; mais encore une fois cela te plaît, rien de mieux, aussi, voyons, ma petite Marianne, sois franche? Avoue que plus d'une fois tu as pensé à te retirer dans un couvent?

— Moi, maman, — répondit Marianne avec stupeur, — moi...

— Ne t'en défends pas?

— Je vous assure que...

—Hé, mon Dieu, je te devine! Tu crains qu'une pareille résolution nous fasse douter de ta tendresse pour nous... Non, non, mon enfant rassure-toi; d'abord, je te l'ai dit, pour rien au monde je ne voudrais contrarier tes goûts, et puis si tu entrais au couvent... cela serait au mieux pour ta sœur; voilà pourquoi je te disais tout à l'heure : que tu pouvais beaucoup pour son bonheur. Ecoute-moi bien, tu vas comprendre cela tout de suite...

— Oui, maman, — reprit Marianne abasourdie. — Je t'écoute...

— Mais d'abord il faut me promettre une chose?

— Laquelle, maman?

— De ne pas dire un mot à ta sœur de notre entretien ; c'est une preuve de grande confiance que je te donne... me promets-tu d'être discrète?

— Oui maman.

— Je compte sur ta parole. Tu sauras donc que M. le comte de Villetaneuse apporte en mariage à Aurélie huit cent mille francs. Tu le vois, c'est superbe... il suit de là qu'il est en droit d'attendre d'Aurélie une pareille dot; parce que ta sœur une fois comtesse et plus tard ambassadrice... figure-toi qu'elle sera un jour ambassadrice; enfin, lancée dans le plus grand monde, ta sœur doit, comme nous le disait M. le marquis, tenir honorablement son rang, avoir une voiture, des diamants, de ravissantes toilettes, un hôtel pour recevoir la belle société de son mari. Or, tout cela coûte beaucoup d'argent... Beaucoup..., tu comprends bien, n'est-ce pas, mon enfant?

— Certainement...

— Hé bien! pour que nous puissions donner à Aurélie huit cent mille francs de dot, il faut que toi comme nous, chacun y mette du sien; c'est pour ta sœur un si magnifique mariage, que pour l'assurer, aucun sacrifice ne doit nous coûter à tous; ainsi, moi et ton père, nous réduirons énormément notre dépense; il est probable que nous nous mettrons en pension chez notre gendre et nous nous contenterons d'un petit appartement dans son hôtel, afin de n'être pas séparés de ta sœur... Ah dam! — ajouta naïvement, sincèrement madame Jouffroy, — quand on aime ses enfants, il faut savoir se sacrifier, tu le vois, nous te prêchons d'exemple, il ne s'agit pas même pour toi d'un sacrifice... puisque, par goût, tu préfères la vie de couvent. La pension que nous aurions à payer pour toi dans l'un de ces établissements sera peu de chose... de sorte que, n'ayant plus qu'Aurélie à doter, nous pouvons lui donner ces huit cent mille francs... c'est enfin comme si nous n'avions qu'une fille.

— Oui, ma mère, — répondit Marianne pouvant à peine contenir ses larmes, — en effet, vous agissez... comme si vous n'aviez qu'une fille...

— Absolument, car tu sens bien que s'il avait été dans tes goûts de te marier, nous ne pouvions, sans une injustice criante, te donner une dot moindre que celle de ta sœur; or, comme il nous est impossible de donner huit cent mille francs à Aurelie et autant à toi, le mariage dont il s'agit n'avait pas lieu, et ta pauvre sœur eût été capable de mourir de chagrin. Heureusement ton entrée au couvent arrange tout... Je vais aller dire à ton père que c'est une affaire convenue entre nous... Embrasse-moi... tu es une excellente fille...

— Maman... excusez-moi... mais...

— Mais...

— Vous vous êtes méprise... vous vous méprenez sur mes intentions...

— Comment cela ?

— Je n'ai pas, je n'ai jamais eu la pensée d'entrer au couvent... Dotez ma sœur aussi richement que vous le voudrez, je ne suis jalouse que de votre affection. Je vous demande seulement la permission de vivre auprès de vous, comme par le passé, sans me montrer plus que par le passé... moins encore, peut-être... car je sens combien je serais déplacée dans la brillante société qui va désormais être la vôtre.

— Voilà du nouveau, par exemple! Comment vous ne voulez plus entrer au couvent ?

— Mais, maman, encore une fois, jamais je n'ai eu cette pensée...

— Que vous l'ayez eue ou non, qu'est-ce que cela prouve? Vous êtes décidée à vivre en récluse, pourquoi ne pas aller au couvent? c'est donc de l'entêtement? un entêtement absurde, ou plutôt c'est de l'envie contre votre sœur... Vous voulez, méchamment, faire manquer son mariage.

— Ah! un pareil reproche, — dit Marianne en fondant en larmes, — c'est trop... c'est trop... je ne le merite pas...

— Vous le méritez...

— Mon Dieu ! je vous le répète, dotez ma sœur aussi richement que vous le voudrez... mais...

— Vous ne savez pas ce que vous dites ! Est-ce que si vous ne vous faites pas religieuse, nous pouvons donner huit cent mille francs à votre sœur et à vous presque rien ! Tout le monde crierait à l'injustice ; tandis que si vous entrez au couvent, la chose est simple comme bonjour.

Mais, changeant de ton et espérant obtenir par la douceur, par la persuasion, ce qu'elle craignait de ne plus obtenir par une autorité impérieuse, madame Jouffroy ajouta en câlinant sa fille :

— Hé bien ! j'ai eu tort. Non, tu n'es pas jalouse de ta sœur ; non, tu ne voulais pas faire manquer son mariage... Je connais ton bon cœur. Mais, voyons, ma petite Marianne, raisonnons un peu : tu l'avoues toi-même, tu es décidée à vivre encore plus retirée que par le passé... Alors, qu'est-ce que cela peut donc te faire d'entrer au couvent?

Marianne n'osait et ne pouvait dire qu'en allant au couvent, elle perdait tout espoir de revoir Fortuné. Puis, malgré la préférence dont elle se voyait, surtout en ce moment, victime, elle aimait son père, sa mère, sa sœur, non moins tendrement que la tante Prudence, surtout depuis l'échange de ses confidences avec la vieille fille. Aussi, Marianne put répondre avec sincérité, tout en conservant le secret de son cœur.

— Si j'entre au couvent, je serai pour toujours séparée de vous, de mon père, de ma tante, de ma sœur,... et cela me serait trop pénible.

— Ce sont là des enfantillages.

— Ah! ma mère! ma mère!...

— Nous irons te voir souvent;... tu viendras à la maison...

— Mon Dieu! est-ce que c'est la même chose? Je ne vous verrai ainsi que de loin en loin, au lieu de vous voir chaque jour, comme à présent...

— Tu exagères tout.

— Bonne et chère mère ! je ne désire au monde qu'une chose : rester près de vous ; je vous le répète, dotez ma sœur aussi richement que vous le voudrez, loin de m'en plaindre, je m'en réjouirai, puisque le bonheur d'Aurélie est à ce prix... Mais, quitter la maison me serait impossible.

— C'est ce que nous verrons, mademoiselle ! — s'écria madame Jouffroy, exaspérée de la résistance de Marianne. — Vous n'êtes qu'une envieuse, et j'en suis maintenant certaine. Vous voulez, par méchanceté, empêcher le mariage de votre sœur. Vous ne valez pas mieux que votre tante Prudence, et, parce que vous êtes comme elle laide et sans cœur, vous êtes rongée de jalousie ;... mais je saurai vous mater ! entendez-vous... Et que vous le veuillez ou non, vous irez au couvent. Je vais prévenir votre père que vous consentez à cela de bon gré. Nous verrons si vous avez l'audace de me démentir.

— Ah ! ma mère ! je m'en aperçois aujourd'hui, vous ne m'avez jamais aimée, — répondit Marianne en fondant en larmes, — ma sœur est tout pour vous, et moi... rien.

— Vous êtes une insolente!... Retirez-vous, et si vous allez pleurnicher auprès de votre sœur, au sujet de tout ceci, vous aurez affaire à moi.

— Rassurez-vous, ma mère, — répondit Marianne avec un accent navrant, — je connais le cœur d'Aurélie; elle m'aime tendrement, elle! oh! oui;... et plutôt que de me voir malheureuse, elle renoncerait à ce mariage, qui lui est pourtant bien cher... Mais, je l'ai promis, elle ne saura rien de ce que vous venez de m'apprendre. Je ne veux pas diminuer son affection pour vous... Grâce à Dieu, ma sœur ignore, ignorera toujours ce que vous exigez de moi en son nom.

Et Marianne, désolée, quitta la chambre de sa mère.

XXXVI

Pendant que les scènes précédentes se passaient dans l'intérieur de la famille Jouffroy, Fortuné Sauval, le désespoir dans l'âme, retournait chez lui, où l'avaient devancé, depuis une demi-heure environ, le père Laurencin et Michel, l'apprenti.

L'on sait quelle fut la surprise, la douleur, l'indignation du vieillard, lorsqu'il eut reconnu la mère de son petit-fils dans madame de Morlac, courtisanne de renom. Agité par mille pensées, par mille appréhensions, songeant, à en juger du moins d'après la violence des émotions de cette femme, suivies d'un évanouissement, qu'elle avait aussi reconnu son fils, et voudrait peut-être, un jour, user de ses droits maternels, afin de garder Michel près d'elle, le père Laurencin était revenu en hâte à l'atelier avec l'apprenti, afin de réfléchir plus à loisir, et, au besoin, consulter Fortuné sur la conduite à tenir en cette circonstance.

Michel, de son côté, assez surpris de ce qui s'était passé en sa présence chez madame de Morlac, se rappelant l'évanouissement de celle-ci, l'empressement du père Laurencin à sortir de la maison, et à retourner à l'atelier, Michel, regrettant quelque peu sa promenade du dimanche, remarquait avec inquiétude l'air soucieux de son grand-père, qui demeurait silencieux et accablé.

Ils venaient d'entrer tous deux dans l'atelier : la forge éteinte ne jetait plus çà et là ses clartés flamboyantes sur les noires murailles. L'on ne voyait dans la montre ou sur l'établi, aucune de ces orfèvrerie étincelantes, en or ou en argent, dont l'éclat semblait égayer cette vaste salle froide, basse, sombre et enfumée, aussi rien de plus triste que l'aspect qu'elle présentait alors.

Le père Laurencin plaça dans la caisse de sûreté le prix du bracelet vendu à madame de Morlac, se jeta sur une chaise voisine de la porte, appuya ses coudes sur ses genoux et son front dans ses mains.

Michel, de plus en plus surpris et alarmé, s'approcha de son grand-père et lui dit timidement :

— Mon Dieu... qu'avez-vous donc ? c'est à peine si vous m'avez parlé pendant notre retour ici ? Est-ce que vous êtes fâché contre moi ?

— Fâché contre toi, cher enfant, — reprit le vieillard en relevant la tête et en embrassant son petit fils avec effusion, — non, non, c'est toi qui devrais être fâché contre moi... je te ramène ici au lieu de continuer notre promenade, et de faire notre petite partie du dimanche, après avoir rapporté l'argent dans la caisse ; mais, mon pauvre enfant, il faut absolument que j'attende monsieur Fortuné, j'ai à m'entretenir avec lui, je crains bien que pour aujourd'hui, tu sois obligé de renoncer au plaisir que tu te promettais.

— Hé bien ! grand-père, remettons notre partie à la semaine prochaine, il n'y a pas, Dieu merci ! qu'un dimanche dans l'année, dès que vous n'êtes pas fâché contre moi... je n'ai rien à regretter — ajouta-t-il résolument. — Je passerai ma journée aussi bien ici que dehors... je vais m'amuser à copier ce bel ornement tracé au trait par maître Fortuné. Vous savez, cet encadrement de feuillage au milieu duquel il y a des enfants et des oiseaux. — Puis, tendant son front au vieillard avec une grâce charmante, — embrassez-moi encore une fois, et ne vous inquiétez pas de moi, vous savez combien j'aime à dessiner...

Après avoir reçu une nouvelle caresse du père Laurencin, l'apprenti approcha une table, prit dans un carton le modèle de l'ornementation qu'il voulait reproduire, et se mit allègrement au travail, pendant que le vieillard s'absorbait dans les pensées éveillées en lui par la rencontre imprévue de la mère de Michel.

— Grand-père, — dit l'apprenti au bout de quelques instants et continuant de dessiner, — j'y pense maintenant, est-ce que pendant que je vous attendais sous la porte cochère de la maison de cette dame, c'est vous qui m'avez envoyé chercher par sa bonne?

— Non, mon enfant, — reprit le père Laurencin embarrassé de cette question, — c'est... ce monsieur... qui est monté chez elle...

— Et pourquoi donc m'a-t-il envoyé chercher?

— Je n'en sais rien... il allait sans doute nous l'apprendre... quand cette... femme s'est trouvée mal.

Le vieil ouvrier prononça ces mots *cette femme*, avec une si méprisante amertume, que l'apprenti frappé de l'accent de ces paroles, s'interrompit de dessiner, en disant avec surprise :

— On croirait que vous avez quelque chose à lui reprocher à cette pauvre dame?

— Moi? mais non... pas du tout.

— Ah! tant mieux, — reprit Michel en

continuant de dessiner. — Pauvre dame! quand je suis entré, elle est devenue si pâle, si pâle, que j'en ai été effrayé! Mon cœur s'est serré, c'est qu'aussi il y avait bien de quoi s'effrayer, elle serait tombée à la renverse sur le tapis, sans ce monsieur qui l'a soutenue dans ses bras... Elle a une figure bien jolie et bien douce cette dame, n'est-ce pas, grand-père?

— Je ne l'ai pas très bien regardée, — répondit le vieillard, que cet entretien navrait, et afin de le rompre, il reprit : — Mon pauvre Michel! je te fais passer un triste dimanche; mais, si M. Fortuné ne rentre pas trop tard, nous pourrons sortir après que j'aurai causé avec lui.

— Comme il vous plaira, quant à moi, j'ai tant de plaisir à copier cet ornement, que je ne quitterais pas ma table d'ici à ce soir, si vous le vouliez.

— En travaillant ainsi et grâce à tes dispositions, tu seras un jour un véritable artiste.

— Oh! je n'ai pas tant d'ambition, devenir seulement aussi bon ouvrier que vous l'êtes, grand-père, et que l'était mon père, voilà tout ce que je demande.— Puis, l'apprenti soupira soudain, sa jolie figure s'attrista, et après un moment de silence, il reprit : — Ah ! tenez, savez-vous parfois ce qui me donne envie de pleurer, comme je l'ai maintenant ?

— En effet, tu as les larmes aux yeux, d'où te vient ce chagrin ?

— Pardon ! grand-père, de vous attrister, mais, quand je pense à cela...

— Parle, mon enfant, ne crains pas de m'attrister, va...

— Hé bien ! quand je pense à mon père, il me semble que je parviens à me le figurer tel qu'il était, à le voir enfin, puisque vous m'avez dit qu'à part l'âge, il vous ressemblait beaucoup ; mais, ce qui m'afflige, c'est de ne pouvoir me représenter ma mère, puisque vous ne l'avez jamais vue, et qu'il vous est impossible de me donner aucune idée de ses traits.

— Je te l'ai dit, mon enfant, ton père s'est marié en pays étranger, ta mère est morte peu de temps après t'avoir mis au monde, et ton père est revenu à Paris, t'amenant avec lui tout enfant.

— D'après ce qu'il vous racontait de ma mère, vous n'avez jamais pu vous figurer comment elle était?

— Non.

— Cependant il devait vous parler d'elle bien souvent... Hélas! morte si jeune, il devait tant la regretter!

— Oui, sans doute, — reprit le vieil artisan, voyant avec peine la conversation ramenée sur le sujet dont il avait tâché de la détourner. — Mais, tiens, Michel, causons d'autre chose.

— Grand-père, — reprit tristement l'apprenti, — lorsque je vous parle de ma mère, est-ce que je vous fais de la peine?.. Vous changez toujours d'entretien.

— C'est que cela me rappelle de cruels souvenirs, mon enfant!

— Je m'en suis déjà aperçu: sans cela je vous aurais fait beaucoup de questions sur ma mère, dont je ne sais presque rien. Mais, pardon, ma curiosité vous afflige.

— Non, non, elle est si naturelle! et puis elle prouve ton bon cœur.

Michel, après quelques moments de silence, reprit en soupirant :

— Ah ! ceux qui ont leur père et leur mère sont bien heureux ! Sans doute vous me restez, bon grand-père, je n'ai pas le droit de me plaindre... Mais, hélas! mes parents vous manquent autant qu'à moi. Oh, dites ? quel bonheur ça eût été pour nous de travailler ensemble dans l'atelier de maître Fortuné ? le grand-père, le père et le petit-fils, puis, notre journée finie, de retourner à la maison, et d'y trouver ma mère nous attendant tous trois ! Quelle joie chaque soir que ce retour chez nous... Tenez, grand-père, j'ai beaucoup de cœur à l'ouvrage, je suis très-content lorsque maître Fortuné me dit qu'il est satisfait de mon application, mais, si j'avais eu encore ma mère, oh ! voyez-vous je ne sais pas tout ce que j'aurais fait pour qu'elle fût fière de moi ! mon Dieu ! combien je l'aurais aimée !

Un léger bruit, plaintif, semblable à un sanglot étouffé, se fit entendre derrière la porte de l'atelier, non loin de laquelle se trouvait le vieil artisan et l'apprenti. Leur attention eût été sans doute attirée par ce bruit si, au même instant, la porte n'avait été ouverte, puis refermée, par Fortuné Sauval qui rentra dans l'atelier disant à une personne invisible, restée au dehors :

— Madame, vous vous trompez, ce nom m'est inconnu !

— A qui parlez-vous donc, monsieur Fortuné? — dit le père Laurencin, en s'adressant au jeune orfèvre dont il ne remarqua pas tout d'abord la pâleur. — Est-ce qu'il y avait quelqu'un là ?

Mais Fortuné, sans répondre au vieillard, se jeta sur un siége, cacha son visage entre ses mains, poussa un douloureux gémissement et murmura :

— Mon Dieu ! mon Dieu ! que je souffre !

XXXVII

Le père Laurencin et son petit-fils, à la vue de leur patron pâle, défait, accablé, murmurant : « Mon Dieu que je souffre ! » coururent à lui ; l'apprenti s'écria dans son naïf effroi :

— Est-ce que vous êtes blessé, maître Fortuné ?

A ces mots, l'orfèvre releva son pâle visage, empreint d'une douleur si navrante, que le vieil artisan recula d'un pas en joignant les mains, tandis que Fortuné regardant Michel, avec une sorte d'égarement, lui répondit :

— Tu me demandes... si je suis blessé..

Oui... je suis blessé au cœur... Blessé à mort !

— Oh ciel ! — reprit l'appenti, dont les yeux se remplirent de larmes, et qui, de plus en plus frappé de l'altération des traits de son patron qu'il aimait tendrement, prit ses paroles dans leur sens physique. — Vous entendez, grand-père... maître Fortuné est blessé !!.

— Rassure-toi... pauvre enfant — dit l'orfèvre avec une poignante amertume, — ces blessures-là ne saignent pas au dehors ; elles saignent au-dedans... et sans cesse...

Et sa douleur faisant explosion, il s'écria, en pleurant. —

— Ah ! mes amis... je suis bien malheureux... je vous le dis à vous... les seuls compagnons de mes travaux... Oh ! je suis bien malheureux !

Il y avait quelque chose de si touchant, de si désespéré dans cette confidence faite par Fortuné, à cet enfant, à ce vieillard, humbles compagnons de sa vie, que le père Laurencin et son petit-fils fondirent en larmes.

— Hélas! — reprit le vieil artisan, rompant le premier le silence. — Que vous est-il donc arrivé?

— Ma cousine consentait à notre mariage... J'avais sa foi, sa parole, elle a retiré sa promesse! — répondit Fortuné avec désespoir!

Et sanglotant, brisé par la douleur, il appuyait sa tête sur l'épaule de l'apprenti, qui se tenait debout à côté de son patron, assis sur une chaise; puis, après être resté ainsi pendant quelques instants, le front penché sur l'épaule de Michel, interdit et rougissant de cette confidence, l'orfèvre se leva brusquement, et appuyant sur ses tempes ses deux points crispés, il s'écria:

— Malheur à moi, elle en épouse un autre... malheur à moi!

Et il marcha çà et là dans l'atelier d'un pas tantôt chancelant, tantôt précipité.

Le père Laurencin, pensant avec raison que, dans l'égarement et l'expansion de ses chagrins, Fortuné oubliait que l'âge de l'apprenti ne lui permettait ni d'entendre, ni de comprendre ces tristes confidences ; le père Laurencin dit tout bas à son petit-fils :

— Va m'attendre dans notre chambre, mon enfant...

— Oui, grand-père, — répondit Michel avec sa docilité habituelle. — Ah ! pauvre maître Fortuné... combien il paraît malheureux ! Grand-père, si vous avez besoin de moi, s'il y avait une commission à faire, vous m'appelleriez ?

— Oui, vas et attends moi...

L'apprenti sortit par l'une des portes latérales de l'atelier, dont l'une communiquait à la chambre de l'orfèvre, l'autre à celle occupée par Michel et son grand-père. Celui-ci, se rapprochant de Fortuné, qui debout, l'œil fixe, les bras croisés sur sa poitrine, paraissait plongé dans un abîme de noires pensées, lui dit :

— Monsieur Fortuné, vous devez bien souffrir... Hélas ! chacun a ses peines. .

— Pour comble de malheur, — reprit l'orfèvre, regardant le vieillard, — savez-vous qui Aurélie épouse ?

— Je l'ignore.

— Monsieur de Villetaneuse !

— Que dites-vous ?

— Oui, elle épouse cet homme, et hier encore il est venu ici au bras d'une courtisane ! Ah ! j'oublie mes souffrances, en songeant à l'avenir d'un pareil mariage !

— Et cette courtisanne, savez-vous qui elle est ? — s'écria le vieil artisan d'une voix douloureusement indignée. — Cette créature perdue... c'est la veuve de mon fils... c'est la mère de Michel !

— Que dites-vous ?

— Ah! monsieur Fortuné, vous le voyez, chacun a ses peines... et la mienne est horrible.

— Cette courtisanne, — répéta Fortuné avec stupeur, — est la mère de Michel !..

A ce moment, la porte extérieure de l'atelier s'ouvrit, et une femme vêtue d'une robe et d'un mantelet noirs, entra lentement ; elle portait sur son chapeau un voile très-épais, qui cachait complètement sa figure. L'orfèvre se retourna vers la nouvelle venue et dit impatiemment au père Laurencin :

— Encore cette femme ! je l'ai tout à l'heure trouvée près de la porte, elle m'a demandé un nom que je ne connais pas; si c'est une cliente, recevez-la; je n'ai pas la tête à moi. Je ne veux voir personne.

Et Fortuné rentra précipitamment dans sa chambre.

FIN DU PREMIER VOLUME.

Impr. de E. Dépée, à Sceaux.

UN CAPRICE DE GRANDE DAME

PAR LE MARQUIS DE FOUDRAS.

Nouvelle édition revue et augmentée.

3 volumes in-18. — Prix : 10 francs 50 c.

—

SUZANNE D'ESTOUVILLE

PAR LE MARQUIS DE FOUDRAS. — 2 volumes in-18. — 7 francs.

—

LE BARON LA GAZETTE

PAR A. DE GONDRECOURT. — 3 vol. in-18. — 10 francs 50 c.

—

UN GRAND COMÉDIEN

PAR LE MARQUIS DE FOUDRAS. — 2 vol. in-18. — 7 francs.

—

UNE VIEILLE MAITRESSE

PAR JULES BARBEY D'AUREVILLY. — 3 vol. in-8. — 15 francs.

—

LA COMTESSE DE CHARNY

PAR ALEXANDRE DUMAS. — 15 vol. in-8.

Suite d'**ANGE PITOU** et complément des **MÉMOIRES D'UN MÉDECIN**.

(Cet ouvrage ne paraîtra pas en feuilleton.)

Impr. de E. Dépée, à Sceaux.

IMPRIMERIE DE E. DÉPÉE, A SCEAUX (SEINE).

www.ingramcontent.com/pod-product-compliance
Lightning Source LLC
LaVergne TN
LVHW020555110826
845149LV00002B/273

9782012153561